PENSAMENTO SOCIAL BRASILEIRO: MATRIZES NACIONAIS-POPULARES

PENSAMENTO SOCIAL BRASILEIRO: MATRIZES NACIONAIS-POPULARES

Organização:
Eduardo Rebuá
Giovanni Semeraro
Martha D'Angelo
Rodrigo Lima R. Gomes

DIREÇÃO EDITORIAL:
Marlos Aurélio

COPIDESQUE E REVISÃO:
Luiz Filipe Armani

CONSELHO EDITORIAL:
Fábio E. R. Silva
Márcio Fabri dos Anjos
Mauro Vilela

DIAGRAMAÇÃO:
Tatiana Alleoni Crivellari

CAPA:
Marco Mancen

Todos os direitos em língua portuguesa, para o Brasil,
reservados à Editora Ideias & Letras, 2017.

1ª impressão

Rua Barão de Itapetininga, 274
República - São Paulo /SP
Cep: 01042-000 – (11) 3862-4831
Televendas: 0800 777 6004
vendas@ideiaseletras.com.br
www.ideiaseletras.com.br

Dados Internacionais de Catalogação na Publicação (CIP)
(Câmara Brasileira do Livro, SP, Brasil)

Pensamento social brasileiro: matrizes nacionais-populares / Eduardo Rebuá, Giovanni
Semeraro, Martha D'Angelo, Rodrigo Gomes (Orgs.)
São Paulo: Ideias & Letras, 2017.
Vários autores.
Bibliografia.
ISBN 978-85-5580-028-3

1. Filosofia social 2. Filosofia social - Brasil I. Rebuá, Eduardo.
II. Semeraro, Giovanni. III. D'Angelo, Martha. IV. Gomes, Rodrigo.

17-05962 CDD-300.981

Índices para catálogo sistemático:
1. Brasil: Pensamento social 300.981
2. Pensamento social brasileiro 300.981

Sumário

Apresentação — 7
GIOVANNI SEMERARO, MARTHA D'ANGELO,
EDUARDO REBUÁ E RODRIGO LIMA R. GOMES

Ontologia do oprimido e ideário latino-americano: — 19
mirada decolonial e síntese dialética freiriana
DIEGO CHABALGOITY

Caio Prado Júnior e Florestan Fernandes: — 43
marxismo e pensamento social brasileiro
MARCOS MARQUES DE OLIVEIRA

A crítica antropofágica de Oswald de Andrade: — 71
em defesa da vida e da alegria de viver
MARTHA D'ANGELO

O vínculo entre democracia e educação — 91
na obra de Anísio Teixeira
JOSÉ ANTONIO SEPULVEDA

Repartindo pessoas: o pensamento social do MST — 111
e a experiência humana como sentido
EDUARDO REBUÁ

A filosofia latino-americana: — 139
pano de fundo do pensamento filosófico brasileiro
GIOVANNI SEMERARO

O Instituto Superior de Estudos Brasileiros: 159
sua vida em seu tempo (1955-1964)
RODRIGO LIMA R. GOMES

Contribuições de Gilberto Freyre e Sérgio Buarque de Holanda 187
ao pensamento social brasileiro
MIRIAN ALVES DE SOUZA

Darcy Ribeiro: o Brasil como desafio 203
EDGARD MALAGODI

Apresentação

Em sua grande maioria, os textos aqui reunidos resultam das aulas de convidados a colaborar no curso "Aspectos do pensamento filosófico brasileiro", organizado em 2013, por Martha D'Angelo e Giovanni Semeraro, na Faculdade de Educação da Universidade Federal Fluminense (UFF) e promovido pelo Núcleo de Estudos e Pesquisas em Filosofia, Política e Educação (Nufipe). A escolha do tema do curso e a seleção dos assuntos visavam focalizar alguns protagonistas e aspectos do pensamento brasileiro que apresentam suas reflexões e desenham suas teorias a partir da história, da cultura e das problemáticas do próprio país. Pensava-se, assim, de complementar a coleção *Saber-Fazer Filosofia*, publicada por esta mesma Editora, que não chegou a tratar da filosofia aflorada no Brasil e na América Latina. Na verdade, na nossa experiência de magistério aprendemos que, além das questões da filosofia "clássica" e "universal" que precisam ser estudadas, há problemas no nosso universo social mais próximo que esperam a nossa interpretação e intervenção política. Neste sentido, o estudo e a pesquisa não podem estar orientados apenas a ganhar títulos acadêmicos e a garantir uma profissão, mas, principalmente, a conhecer o que de melhor foi produzido na humanidade e na história do próprio país, de modo a aperfeiçoar instrumentos que nos permitam responder inteligente e coletivamente aos desafios do nosso espaço e tempo. Por isso, os autores aqui retratados são entendidos como "intelectuais orgânicos" voltados a pensar criticamente o próprio mundo e a dar corpo a uma "vontade operosa de necessidades históricas", no significado conferido por Antonio Gramsci.

Os capítulos, portanto, que se seguem mostram que não há uma única forma de fazer filosofia e que pensar e criar não é privilégio de uma elite, assim como não se sustenta qualquer pretensão de "civilização superior". E no Brasil, na verdade, além de significativa e original, é enorme a produção intelectual que retrata aspectos da própria realidade, que se dedica a desvendar os enigmas da sua história, que busca caminhos para construir um modelo próprio de sociedade. Mais do que um exercício abstrato, intimista e especulativo, o pensamento peculiar que veio a se formar no Brasil se expressa na configuração própria que a política, a filosofia, a sociologia, a antropologia, a educação, e a arte adquirem, como atividades teórico-práticas voltadas essencialmente a investigar uma história profundamente marcada pelo colonialismo, pela desigualdade e a dependência e, ao mesmo tempo, a alimentar extraordinárias lutas de libertação e criativas expressões culturais. Desta forma, se há um elo que percorre e unifica os textos desse livro é o processo de formação de uma inconfundível identidade nacional que vem se constituindo pela emergência de subjetividades sociais e políticas cada vez mais de caráter nacional-popular.

Na verdade, não faltam publicações sobre o pensamento aflorado no Brasil. Este livro, no entanto, procura mostrar que a construção desse país não foi apenas obra de alguns *Pensadores que criaram o Brasil* como aponta Fernando Henrique Cardoso em seu livro, mas também e sobretudo do imenso manancial que jorra das incansáveis atividades "do espírito popular criativo" que fecunda essa terra. É surpreendente, de fato, o extraordinário pensamento que fermenta no Brasil nos mais diversos setores da sociedade que precisa aprender a descobrir e valorizar.

Embora seja uma pequena amostra, espera-se que os textos desse livro possam contribuir para apurar a sensibilidade dos estudantes e subsidiar o currículo das escolas que ainda reservam poucas referências ao pensamento que se desenvolveu no Brasil e na América Latina. Na era do domínio dos grandes meios de comunicação que reeditam um colonialismo mental e nos levam a saber mais de Nova York, Londres e Paris, e nos narcotizam com a inundação de programas de entretenimento, não se pode esquecer que já em 1891 José Martí escrevia em "Nossa América" que "conhecer o próprio país e governá-lo conforme o conhecimento, é a única maneira de libertá-lo das tiranias". E, de fato, quando deixamos nossa vida à mercê de ideias alheias e criamos dependência dos outros olhares, corremos o risco de não enxergar as riquezas e as belezas do mundo mais próximo que nos foi dado para cuidar. Os autores aqui retratados, ao contrário, nos mostram os caminhos para reeducar os sentidos, para aprender a ler a nossa história e a nos apaixonar pelos desafios postos nas lutas pelos direitos fundamentais e a conquista do autogoverno de um país ainda subordinado no tabuleiro do poder mundial. O árduo processo de descolonização, na verdade, não passa apenas pela superação do "complexo de vira-lata", mas, como afirma Paulo Freire, também pelo expurgo da ideologia da dependência que nos é introjetada incessantemente.

O intuito do livro, assim, é abrir janelas sobre uma parte do pensamento que no Brasil vem se gestando em suas distintas vertentes teóricas para desvendar os mecanismos da dominação e estabelecer uma interlocução crítica com outras visões de mundo. Estamos convencidos de que as grandes questões e as profundas contradições que caracterizam o Brasil não podem ser resolvidas só no âmbito do desenvolvimento econômico e da implantação de novas tecnologias, mas, acima de tudo, pelo profundo conhecimento da própria história e a valorização das próprias capacidades, pela universalização de uma educação pública de qualidade porque capaz de se conectar com as reivindicações populares e em condições de formar a juventude dirigente da própria sociedade.

O Pensamento Social Brasileiro, até para dar conta satisfatoriamente da complexidade da nossa realidade nacional, além de se fundamentar em bases autóctones, não é (e nem poderia ser) ortodoxo. Sem abandonar correntes intelectuais desenvolvidas em países do norte, como marxismo, cristianismo progressista, existencialismo, liberalismo, e outras, os criadores do nosso pensamento social souberam, "antropofagicamente", traduzir os aspectos válidos do saber estrangeiro para iluminar os problemas brasileiros com muita inventividade e competência. Para tal, manifesta-se de maneira transdisciplinar, com a procura por explicações globais a respeito da nossa realidade particular, articulando suas características históricas, sociológicas, antropológicas, psicológicas, educacionais e políticas, vinculando-as a propostas de transformação social, com o intuito de tornar nossa sociedade mais inclusiva, justa e igualitária.

Essas características são ressaltadas por todos os autores e autoras que assinam os capítulos deste livro, cada qual se aprofundando num dado pensador, grupos ou correntes intelectuais que marcaram nosso pensamento social e demonstram como, por trás de todo esforço investigativo, estavam preocupações de origem prática associadas às problemáticas do nosso país – dentre as quais o direito à educação de qualidade ocupa um papel central.

A temática educativa tratada por Diego Chabalgoity, em sua abordagem histórico-filosófica do pensamento de Paulo Freire, no capítulo "Ontologia do oprimido e ideário latino-americano: mirada decolonial e síntese dialética freiriana". O autor apresenta a trajetória de vida do educador pernambucano, dividindo-a em etapas em que se articulam aspectos biográficos e intelectuais de Freire, contextualizando seu pensamento, ressaltando seu vínculo às questões práticas da educação popular de seu tempo e dando relevo a um elemento constante da práxis freiriana: seu compromisso com a perspectiva do oprimido. Filosoficamente, Paulo Freire estaria sob permanente influência do humanismo cristão e do marxismo, a partir dos quais o educador, em sua práxis, realizaria uma síntese dialética, cuja principal contribuição seria "traduzir" para o contexto do "oprimido" (Brasil, América Latina e África, principalmente) a filosofia e a prática político-pedagógica necessárias à sua libertação, manifesta enquanto descolonização social e cultural frente ao opressor.

O sociólogo e militante Florestan Fernandes, é analisado, ao lado de Caio Prado Júnior, um dos pilares do nosso pensamento social, por Marcos Marques, no capítulo "Caio Prado Júnior e Florestan Fernandes: marxismo e pensamento social brasileiro". Marques, partindo de uma definição de marxismo como síntese dialética de teoria e prática revolucionária, conhecimento do mundo objetivo e ação consciente para transformá-lo, bem como de um histórico das peripécias dessa corrente no Brasil, procura demonstrar como, ainda dentro do marxismo, tanto como suporte de suas orientações de pesquisa quanto de suas filiações políticas – Prado Júnior no Partido Comunista e Florestan no movimento trotskista e depois no Partido dos Trabalhadores, os dois autores, ao mesmo tempo em que fugiam da ortodoxia "marxista-leninista", elaboravam "visões" de Brasil originais e geniais que se tornaram referência de leitura e interpretação da história e da sociedade brasileiras. As questões da ampliação democrática e do acesso à educação escolar em nosso país também ocupam lugar de relevo na obra de Caio e Florestan, em especial no trabalho do último, para quem a educação pública e a democracia eram complementares e deveriam caminhar juntas.

No resgate imprescindível do "caleidoscópio" Oswald de Andrade, Martha D'Angelo empreende uma análise tripartite – biografia, obra e legado – de um dos mais originais pensadores brasileiros, ora interpretado de forma condenatória, ora lido de maneira intensa e respeitosa, mas sempre falado, mesmo que pelos cantos, de forma lateral e mais na literatura que na filosofia, como aponta a autora. Em "A crítica antropofágica de Oswald de Andrade: em defesa da vida e da alegria de viver", numa narrativa de tessitura benjaminiana, que promove inclusive o encontro entre o *outsider* da Escola de Frankfurt com o autor do Manifesto da Poesia Pau-Brasil (contemporâneos que se valeram de recursos semelhantes, como a imagem dialética, consagrada em Benjamin), D'Angelo propõe-se a "redigerir" um dos cânones do Modernismo nacional. Sua abordagem vai às entranhas mais radicais do texto oswaldiano, enfatizando sua radicalidade e sua mordaz crítica às estruturas patriarcal e oligárquica brasileiras, no esforço de desconstrução do Brasil enquanto nação, identidade, povo, símbolo.

José Antonio Sepulveda, em "O vínculo entre democracia e educação na obra de Anísio Teixeira", procura demonstrar, através da relação entre suas ações em vida com seu pensamento, como a obra do educador baiano esteve intimamente vinculada ao seu projeto político de aprofundamento democrático da sociedade brasileira. Inspirado pelo liberalismo político clássico, sobretudo o de Rousseau, e pelo pragmatismo de Dewey, Anísio entendia que a educação pública era o fundamento da democratização social e política, uma vez que, ao menos em princípio, todo indivíduo seria passível de orientação intencional, não sendo detentor de nenhuma natureza imutável. Enfrentando a concepção individualista do liberalismo econômico – ou, como dizia, do "libertarismo" –, Teixeira defendia a escolarização pública universal, orientada para a realização da democracia – o que implicava na formação democrática dos próprios educadores – e próxima da realidade e das experiências populares, tendo o Estado como seu promotor, uma vez que apenas a instância estatal teria, para Anísio, capacidade de se colocar acima dos interesses privados e assegurar o caráter público da ação educativa.

Tendo Paulo Freire e a educação popular como duas referências fundamentais, o pensamento social do Movimento dos Trabalhadores Rurais Sem Terra (MST) é, de acordo com Eduardo Rebuá, no capítulo "Repartindo pessoas: o pensamento social do MST e a experiência humana como sentido", composto por cinco aspectos: 1) o aspecto histórico-social, que representa a recuperação da memória das lutas dos movimentos sociais populares que antecederam os Sem Terra e sua incorporação à práxis político-pedagógica do movimento; 2) o aspecto educativo, que se expressa nas escolas do movimento, desenvolvidas em todos os níveis de ensino e articuladas ao seu projeto de formação política; 3) o aspecto socioeconômico, relacionado à formação social brasileira com seu histórico de brutal concentração de terras, que põe a questão da reforma agrária como um dos eixos estruturantes do pensamento e da ação do MST; 4) o aspecto ideológico, que é constituído pela síntese do pensamento cristão progressista, em especial aquele forjado pela Teologia da Libertação, com o socialismo, em especial em sua vertente marxista; e 5) o aspecto político, que traz consigo a marca da origem do movimento e se mostra na defesa do processo de democratização da vida social e política brasileira e da ampliação da esfera pública, em todas as dimensões. Esses aspectos teórico-práticos do MST são interpretados por Rebuá à luz dos conceitos de "experiência" e de "sentido", de inspiração benjaminiana, que destacam a relevância que a práxis do movimento afirma na contracorrente do capitalismo contemporâneo.

No mais latino-americanista dos artigos ("A filosofia latino-americana: pano de fundo do pensamento filosófico brasileiro"), Giovanni Semeraro, numa interlocução com intelectuais destas terras do Sul – muitos sequer estudados em nossas universidades, ainda muito voltadas para o Atlântico e pouco para o *tropicus mundi* –, exorta-nos ao enorme desafio dialético da construção a partir da desconstrução, da elaboração identitária, epistemológica, político-pedagógica, daquilo que nos une e do que nos diferencia, mas sobretudo a partir do solo de experiências da filosofia latino-americana, concreta porque organicamente vinculada à história deste continente, aos seus homens e mulheres, às lutas, certidão de nascimento da parte do mundo que mais tem sinalizado saídas originais e incisivas para as novas formas de barbárie, cada vez mais naturalizadas como cotidiano. Olhando para um duplo interior, do Brasil e da América Latina, Semeraro aciona um importante alerta, qual seja, o do risco que corremos todos, ao buscarmos nossas armas teóricas, lembrando da famosa reflexão de Marx, em mananciais incapazes de desaguar em lugares democráticos e vinculados obrigatoriamente à condição de liberdade.

Desde uma perspectiva histórica, Rodrigo Lima R. Gomes, no texto "O Instituto Superior de Estudos Brasileiros: sua vida em seu tempo (1955-1964)", articula a trajetória do ISEB ao contexto social, político-econômico e cultural do Brasil no início da segunda metade do século passado. Trabalhando com a temporalidade – compreendida em seu escrito como dialética da duração e como produto de elaborações sociais –, o autor lastreia suas argumentações, dentre outros eixos, na leitura gramsciana acerca dos intelectuais, umbilicalmente ligados às demandas das classes às quais se vinculam e aos debates/projetos hegemônicos da(s) época(s) em que atuam. Gomes procura indicar os nexos indissociáveis, sobretudo nos países de capitalismo periférico, entre aparelhos de hegemonia e política(s), entre instituições e direção de classe. Em tempos de novos/velhos desenvolvimentismos e de dissoluções/fusões de espaços institucionais (como os ministérios), o texto de Gomes contribui para reflexões necessárias ao nosso momento atual.

Dois outros pilares do pensamento social brasileiro também são tratados nesta coletânea, Gilberto Freyre e Sérgio Buarque de Holanda, cujos respectivos *Casa Grande & Senzala* e *Raízes do Brasil* figuram, ao lado de *Evolução Política do Brasil*, de Caio Prado Júnior, em uma trilogia inovadora do intelecto brasileiro moderno, produzida na década de 1930. Em seu "Contribuições de Gilberto Freyre e Sérgio Buarque de Holanda ao pensamento social brasileiro", Mirian Alves de Souza procura destacar aspectos relevantes das duas obras clássicas supracitadas, de Freyre e Buarque de Holanda, para a compreensão da formação social de nosso país, destacando a valorização de nossa "mestiçagem", realizada pelo autor de *Casa Grande & Senzala*, em contraposição às concepções racistas que figuravam em nosso pensamento social – e no mundo, basta lembrar que o trabalho vem à tona no mesmo ano da ascensão nazista ao poder na Alemanha –, bem como o conceito de "homem cordial" de Sérgio Buarque, uma narrativa sobre a falta de impessoalidade na formação do espaço público brasileiro. A herança ibérica foi reconhecida e caracterizada de maneira distinta pelos dois mestres, com Freyre valorizando seu legado para a formação de uma cultura brasileira híbrida e "tolerante", enquanto Buarque de Holanda criticava o personalismo no trato das relações públicas como um traço da cultura ibérica que deveria ser superado para a formação de um Estado moderno e democrático no Brasil. Com essas contribuições, diz a autora, Gilberto Freyre e Sérgio Buarque figuram entre aqueles personagens do nosso pensamento social que mais tiveram sucesso na elaboração de uma "narrativa nacional brasileira".

Num dos artigos de maior fôlego da obra – "Darcy Ribeiro: o Brasil como desafio" –, Edgard Malagodi erige um observatório privilegiado da trajetória de Darcy Ribeiro, bem como de seus escritos, num movimento ao mesmo tempo arqueológico e genealógico. Burilado numa narrativa ensaística e biográfica, o texto tem o grande mérito de encontrar um ponto médio entre o público mais geral e o acadêmico, objetivando dar conta do gigantismo da obra de Darcy, sendo inteligível e sobretudo "aparecendo" nas colocações: e como falar de um intelectual desta estatura sem se falar da forma como seu pensamento e obra nos atingiram, tocaram, mobilizaram. Poucos nomes como o de Darcy foram capazes de imprimir no tempo a marca dupla do nacional e do popular, sem se esquivar das armadilhas acadêmicas, assim como de suas mais significativas reflexões. Pensar no Sambódromo Carioca, na Universidade de Brasília e nos CIEPS (Centros Integrados de Educação Pública do Rio de Janeiro – espaços de cultura e de saber forjados no/do público e em suas rugosidades) é medir de forma rápida a pujança do pensamento deste intelectual (em suas potencialidades e limites), tão bem radiografado por Malagodi. Cabe a pergunta: qual(is) pensador(es) do Brasil foi(foram) capaz(es) de, em sobrevivendo para além da finitude física, permanecer(em) vivo(s) não apenas na memória acadêmica, mas sobretudo na memória das classes populares, de seus movimentos e expressões político-pedagógico-culturais?

Giovanni Semeraro
Martha D'Angelo
Eduardo Rebuá
Rodrigo Lima R. Gomes

Ontologia do oprimido e ideário latino-americano: mirada decolonial e síntese dialética freiriana[1]

DIEGO CHABALGOITY[2]

Dentre tantas influências de Paulo Freire no ideário latino-americano, aqui se propõe um olhar de fundo filosófico ao pensamento do autor. Nesta perspectiva, uma de suas mais profundas contribuições diz respeito à construção do que chamamos *ontologia do oprimido*.

Mais além da acepção tradicionalmente dada pela filosofia moderna, que concebe a ontologia enquanto *estudo do ser* dando-lhe status de *filosofia primeira*, Freire busca uma ontologia humana, tendo como ponto de partida o oprimido.

O entendimento da mirada decolonial freiriana é fundamental para essa proposta. O oprimido não é um *ser-para-si*, senão um *ser-para-o-outro*, aquele que foi impedido de *ser*, de assumir sua própria história. Isso significa que sua ontologia não pode ser formulada de forma abstrata, mas na práxis revolucionária, numa ontologia do *ser-mais* do oprimido.

---
1 Este trabalho traz elementos de recente pesquisa, apresentada de forma mais aprofundada em Chabalgoity (2015).
2 Professor adjunto da Universidade Federal Fluminense - UFF no Departamento de Ciências Humanas do INFES - UFF, em Santo Antônio de Pádua/RJ. É coordenador do Grupo de Estudos e Pesquisas sobre Paulo Freire e Educação Popular (GEPEP - UFF) e pesquisador do Núcleo de Estudos e Pesquisas em Filosofia, Política e Educação (Nufipe - UFF).

Tal contribuição que dá o autor ao campo da educação popular persiste relevante nos dias de hoje, uma vez que, para as classes populares, a luta ainda se afigura em grande parte na razão dialética entre a transformação das estruturas de opressão e a assunção de sua própria identidade, de sua própria história.

Essa formulação, no entanto, não foi uma tarefa fácil para Freire. Perfez um longo caminho trilhado por ele, desde as experiências iniciais com o conceito antropológico de cultura, até o amadurecimento – com relação ao próprio conceito – proporcionado pelo diálogo com o ideário marxista. Desde a aceitação idealista da ideia de que a tomada de consciência da situação de oprimido seria um impulsionador para a transformação da realidade, até a compreensão da importância da luta contra as estruturas de opressão.

Deste modo, tal construção só pode ser assumida como espinha dorsal para interpretar seu pensamento a partir da consideração de sua obra como um todo, uma vez que Freire sempre se pautou pela reflexão constante sobre sua própria prática. Aqui, propomos o exercício.

Nosso objetivo é tornar mais claras as relações existentes entre os princípios ontológicos das propostas freirianas e o entendimento marxista da totalidade e da *ontologia do ser social*. Se trata de uma questão crucial para a compreensão da proposta do educador popular brasileiro. Nesse contexto, é imperativa a defesa militante de que Freire mais fundamenta sua ontologia e se mostra um educador comprometido com os oprimidos, quanto mais criticamente assume a perspectiva destes.

A síntese dialética inovadora de Freire e suas contribuições ao pensamento latino-americano

Tomamos como base para discussão a afirmação de Torres, que sustenta que o pensamento freireano realiza:

[...] uma síntese inovadora das mais avançadas correntes do pensamento filosófico contemporâneo, como o existencialismo, a fenomenologia, a dialética hegeliana e o materialismo histórico.[3]

O termo *síntese*, *nesse* contexto, remete à filosofia dialética sistematizada por Hegel. A síntese é, portanto, a superação (*Aufhebung*), a criação do novo a partir do movimento de negação da *tese*, promovido pela *antítese*.

Duas abordagens podem ser primariamente aplicadas no entendimento do caráter inovador do pensamento de Paulo Freire. Uma primeira reside na proposta de Torres, citada acima. As correntes de pensamento com as quais Freire trava contato são entrelaçadas por esse autor de tal forma que se superam na síntese que aproxima questões em comum que compartilham tais filosofias. Para citar os exemplos mais difundidos, recordamos que Freire rechaça o *pensamento sectário* dos que não enxergam as congruências entre o humanismo cristão e o humanismo presente no pensamento revolucionário marxista. Assim como é ilustrativa sua compreensão da luta de classes como motor da história, mas não como o único motor da história, defendendo também a importância da esperança, do amor, da angústia etc.

Uma outra abordagem, que aqui é proposta, supõe considerar a perspectiva do oprimido – assumida por Freire, como a própria antítese das teses filosóficas com as quais trava contato. Assim, as correntes citadas seriam *traduzidas*[4] a uma *práxis* que

---

3 Torres, Carlos Alberto. *Diálogo com Paulo Freire*. 3ª ed. São Paulo: Edições Loyola, 2003, p. 118-119.
4 O conceito de tradutibilidade é tomado de Gramsci. Como ensinam Lacorte *et al.* (2013, p. 1): "A tradutibilidade pensa a teoria como elemento que tem um alcance 'prático' e, ao mesmo tempo, a prática como elemento que tem um alcance 'teórico'. É o que se pode deduzir, por exemplo, de um apontamento dedicado à tradutibilidade que elabora claramente uma ideia que Marx apresenta na terceira e na décima primeira das suas Teses sobre Feuerbach (1844): '[...] a filosofia deve tornar-se 'política', 'prática', para continuar a ser filosofia' (Q 8, 208, 1066, fevereiro-março 1932). A primeira parte da frase gramsciana ('a

apontaria, como uma bússola, a construção de uma ontologia do oprimido.

Somando à perspectiva anterior ressaltamos o caráter inovador trazido por Freire, não somente na forma como as correntes filosóficas mencionadas por Torres se entrelaçam e são recriadas de forma original em sua obra, mas, sobretudo, valorizando a perspectiva do oprimido.

A ótica do oprimido – a da luta por sua humanização, por sua própria história –, que se impõe de forma *iludível* a Freire, revela em si mesma a necessidade de uma nova *ontologia*, uma busca incansável por coerência dialética. Em outras palavras, o *vigilante olhar ontológico*[5] que Freire lança sobre sua práxis, e que faz do oprimido seu parceiro da história, o impele de forma imperativa à assunção ético-política da luta por sua humanização. O caráter inovador trazido por esta perspectiva é demonstrado, desde muito cedo, na percepção de que tal luta implica, como caráter *iludível*, a busca pela libertação:

> Mais uma vez os homens, desafiados pela dramaticidade da hora atual, se propõem, a si mesmos, como problema. Descobrem que pouco sabem de si, de seu "posto no cosmos", e se inquietam por saber mais. Estará, aliás, no reconhecimento do seu pouco saber de si uma das razões desta procura. Ao instalar-se na quase, senão trágica descoberta do seu pouco saber de si, se fazem problema a eles mesmos. Indagam. Respondem, e suas respostas os levam a novas perguntas.
> O problema de sua humanização, apesar de sempre dever haver sido, de um ponto de vista axiológico, o seu problema central, assume, hoje, caráter de preocupação iludível.[6]

---

filosofia deve tornar-se 'política', 'prática'") refere-se ao alcance 'prático' da teoria, a segunda ao alcance 'teórico' ou 'teorético' da prática".
5   O termo é utilizado no mesmo sentido proposto por Lukács (1972).
6   Freire, Paulo. *Pedagogia do oprimido*. 17ª ed. Rio de Janeiro: Paz e Terra, 1987, p. 16.

O trecho inicial da *Pedagogia do oprimido* demonstra estas fortes implicações ontológicas. É preciso considerar que um dos elementos centrais na construção freiriana é a visão decolonial que influirá em todo seu pensamento posterior. Reside aí a concepção própria do oprimido, que será fundamentada ao longo dos anos. "*O oprimido não é apenas subalterno*" como bem conceitua Semeraro[7] (2009, p. 23). É, sobretudo, aquele que lhe foi roubada a possibilidade de dizer a própria história. O objeto de Freire é aquele que foi impedido de *ser*; sua teoria subverte, portanto, os moldes ontológicos da tradição filosófica ocidental.

Se é decisiva para esse entendimento a aproximação crítica de Freire aos quadros marxistas, não se pode reduzi-lo a isso. Esses quadros teóricos o ajudam na percepção da importância da luta contra o capitalismo como raiz da opressão. A busca por si mesmo, por sua história, por sua vocação presente e futura de humanização, implica uma reconstrução de seu passado; uma busca por si mesmo que só alcançará lugar na inalienável luta pela transformação das estruturas concretas de opressão.

Por outro lado, despontam contribuições que são extremamente valiosas e ainda pouco estudadas: Freire contribui tanto como exemplo concreto de *tradutibilidade* – nos termos gramscianos, fundamentando uma práxis libertadora do oprimido – quanto nas lições acerca do papel da consciência e da subjetividade na transformação da realidade opressora. Se aproxima do ideário gramsciano, reiterando que a transformação da realidade caminha junto com a transformação das consciências inseridas na mesma transformação.

Em sua tradução decolonial, humanista e marxista, na luta pela coerência dialética entre a reflexão crítica sobre a realidade

---

[7] Semeraro, Giovanni. *Libertação e hegemonia: realizar a América Latina pelos movimentos populares*. Aparecida: Ideias & Letras, 2009, p. 23.

concreta e a ação crítica sobre essa mesma realidade, Freire pondera a importância da consciência e da subjetividade na imperativa transformação. A consciência de classe passará pela consciência de oprimido.

Na vigilante reflexão ontológica que lhe guia, Paulo Freire demonstra de forma concreta a importância da tradutibilidade ensinada por Gramsci. Não há dicotomia alguma em seu pensamento dialético. Essas só existem como recurso de nossas explicações didáticas. Para esse autor, a ontologia do oprimido só se constrói na práxis: a busca por sua prática é a busca por sua teoria; sua busca pela transformação das estruturas de dominação é sua busca pela transformação das superestruturas; a pedagogia do oprimido é, ela mesma, uma busca pelo saber de si do oprimido.

Os caminhos de Freire na elaboração de sua síntese dialética

Os anos antes do golpe de 1964

Nos primeiros anos da década de 1960, Freire elabora, com a equipe do Serviço de Extensão Cultural (SEC) da Universidade do Recife, o conhecido método de alfabetização. O momento histórico é simbolizado pela experiência piloto de alfabetização de adultos, realizada em Angicos/RN, em janeiro de 1963.

Ana Maria Araújo Freire, educadora e esposa do autor, considera que, para compreensão do método e de sua obra, é preciso *"deixar este ponto mais claro, para, sobretudo, quem se inicia em Freire"*. Em sua visão:

> O "convite" de Freire ao alfabetizando adulto é, inicialmente, para que ele se veja enquanto homem ou mulher vivendo e produzindo em determinada sociedade. Convida o analfabeto a sair da apatia e do conformismo de "demitido da vida" em que quase sempre se encontra e desafia-o a compreender que ele próprio é também um fazedor de cultura, fazendo-o aprender

o conceito antropológico de cultura. O "ser-menos" das camadas populares é trabalhado para não ser entendido como desígnio divino ou sina, mas como determinação do contexto econômico-político-ideológico da sociedade em que vivem.[8]

A *"nova visão"* proposta por Freire foi explicitada inicialmente no quarto número da Revista de Cultura da Universidade do Recife, de 1963. Freire, já amadurecido pelas experiências realizadas, retoma e elabora o pano de fundo teórico e ideológico que se apresenta em sua tese de concurso para a Universidade do Recife, intitulada "Educação e atualidade brasileira", de 1959.

O texto de Osmar Fávero,[9] denominado *"Paulo Freire: primeiros tempos"*, ecoa como testemunho da conjuntura intelectual da época. Para esse autor, a alfabetização havia se tornado questão preponderante na realidade brasileira, e toda uma geração era guiada pelo *"impulso ideológico"* desafiador da construção *"de um novo projeto histórico para o Brasil, o que supunha uma nova visão de mundo e a descoberta de uma nova dimensão da consciência, entendida como consciência histórica".*

Fávero aponta que eram determinantes para a fundamentação dessa geração, tanto a ideologia nacional desenvolvimentista – que tinha como principais representantes os pesquisadores do Instituto Superior de Estudos Brasileiros (ISEB) –, quanto movimentos originados a partir de alguns setores católicos – sobretudo a partir das mudanças ocorridas dentro da própria Igreja.

Fávero demonstra que Freire busca fundamentar as práticas populares – nas quais emerge como "catalisador" e não como seu único criador – tomando como base os dois "pilares" citados.

---

8 Freire, Ana Maria A. A voz da esposa: a trajetória de Paulo Freire. *In*: Gadotti, Moacir (Org.). *Paulo Freire: uma biobibliografia.* São Paulo: Cortez; Instituto Paulo Freire; Brasília: UNESCO, 1996, p. 37.
9 Fávero, Osmar. "Paulo Freire: primeiros tempos". Disponível em http://forumeja.org.br/doc.freire. s. d., p. 8. Acesso em 20 de janeiro de 2012.

Anos depois, Freire reconheceria que a supervalorização da tomada de consciência como momento impulsionador da mudança da realidade, assim como a visão conservadora no campo político, eram equívocos a serem superados. Isso não implica, todavia, como bem indica o depoimento de Ana Maria Araújo Freire, citada acima, que o trabalho não fosse progressista e inovador para a época. É preciso, portanto, contextualizar com o pano de fundo histórico e identificar o que se tornou semente para os anos posteriores.

Neste sentido, acerca das influências da ideologia nacional desenvolvimentista, concordemos com Scocuglia quando, versando sobre os textos iniciais de Freire, afirma que *"certamente, em termos de reflexão teórica, essa não é a parte mais substanciosa e crítica da sua obra"*.[10]

Quanto à formação cristã, por outro lado, não há dúvidas de que esta é determinante não somente nesse período, mas também ao longo de sua vida. Criado em família religiosa, Freire nunca se furtou em falar de sua fé e se dizer cristão.

Giovanni Semeraro[11] demonstra a importância, para toda essa geração, dos movimentos ligados à Igreja e à juventude católica na época. Esse autor demonstra que alguns coletivos, tal como a Ação católica, entendiam que seria necessária uma reforma no comportamento dos cristãos no campo social e político. A ação política do cristão deveria buscar suas bases na história e em seres humanos concretos. Desta forma, não seria compreensível um mundo cristão sobre o terreno das desigualdades sociais, impostas de forma violenta pelas classes mais abastadas. Trata-se dos cristãos que estão *despertando para os horizontes abertos por Marx*.

Todavia, no horizonte desses movimentos, assim como com os isebianos, o pensamento de Marx era compreendido tão somente

---

10 Scocuglia, Afonso Celso. *A história das ideias de Paulo Freire e a atual crise de paradigmas*. 2ª ed. João Pessoa: UFPB, 1999, p. 21.
11 Semeraro, Giovanni. *A primavera dos anos 60: a geração de Betinho*. São Paulo: Edições Loyola, 1994.

como ferramenta para o entendimento econômico-social da sociedade. O mote de ação estava na conversão das consciências, que levaria, por si só, à transformação das estruturas sociais.

Nesta perspectiva, o diálogo e a comunicação – tão presentes no cristianismo – ganham lugar de destaque, uma vez que a conscientização traria como ponto de partida o reconhecimento de si mesmo – um ser vocacionado a *ser mais* – como um ser criador de cultura e de relações.

Fundamental é o conceito antropológico de cultura. Não sem propósito, afirma Maciel, o *"sistema Paulo Freire de educação está todo ele contido, em potencial, na primeira situação existencial projetada em 'slide': 'o homem diante do mundo da natureza e do mundo da cultura'"*.[12]

Tal conceito encontra eco no existencialismo cristão, notadamente influenciado por Karl Jaspers:

> O animal se encontra antes seu contorno, ao qual está ligado inconscientemente. O homem cria nesta ligação, que também lhe é própria, e, transcendendo dela, seu contorno. A vida em um contorno que ele mesmo cria é o sinal distintivo de seu ser humano. No que o homem produz se encontra a si mesmo, não só por se haver libertado da necessidade, mas também pelo fato de sua complacência na beleza, na adequação, na forma de suas gerações, na forma de suas criações. O homem aumenta sua realidade mediante a ampliação de seu contorno. O homem não é um ser de instintos nem só um ponto de inteligência, mas um ser que, por assim dizer, transcende a si mesmo.[13]

---

12 Maciel, Jarbas. "A fundamentação teórica do sistema Paulo Freire de educação". In: *Estudos universitários: Revista de cultura da Universidade do Recife*, nº 4, abr-jun, 1963, p. 28.
13 Jaspers, Karl *apud* Freire, Paulo. Conscientização e alfabetização: uma nova visão do processo. In: *Estudos universitários: Revista de cultura da Universidade do Recife*, nº 4, abr-jun, 1963, p. 21.

Também se observa esse olhar nas *perspectivas abertas da pessoa*, vislumbradas no personalismo de Mounier: a capacidade dos seres humanos em criar cultura, transformar o mundo e assim transformar a si mesmos. Quando a cultura em seu legado revela a história, esta forma de relação ser humano-mundo, para os cristãos, os impele a um imperativo ético:

> A transcendência ativa do homem sobre o mundo é justamente a matriz mais original do "personalismo" bíblico-cristão que se diferencia do "naturalismo" típico da concepção grega. O mundo, para o homem bíblico, não é um símbolo a ser imitado, mas uma matéria a ser transformada, é campo aberto à iniciativa do homem. A visão bíblica é profundamente antropológica e histórica, sintonizada com a sensibilidade e a cosmovisão dos tempos modernos.[14]

O esforço de Freire[15] em fundamentar teoricamente sua prática é muito forte nesse período. Sem dúvida o pensamento cristão é determinante para lograr sucesso. Faz recordar a famosa entrevista – a última que concedeu – em que revela que suas aproximações à Marx e ao ideário cristão nunca se deram em nível intelectualista, abstrato, mas sim como fruto de sua experiência concreta:

> Quando muito moço, muito jovem eu fui aos mangues do Recife, aos córregos do Recife, aos morros do Recife, às zonas rurais de Pernambuco, trabalhar com os camponeses, com as camponesas, com os favelados, eu confesso sem nenhuma churumingas, eu confesso que fui até lá movido por uma certa lealdade ao Cristo de quem eu era mais ou menos camarada, mas o que acontece, que quando eu chego lá, a realidade dura do favelado, a realidade dura do camponês, a negação do seu ser como gente, a tendência aquela adaptação de que a gente falou antes, aquele

---

14 Semeraro, Giovanni (1994). *Op. cit.*, p. 150.
15 Freire, Paulo (1987). *Op. cit.*

estado quase inerte diante da negação da liberdade, aquilo tudo me remeteu a Marx, eu sempre digo não foram os camponeses que disseram a mim "Paulo tu já leste Marx?", não de jeito nenhum, eles não liam nem jornal, foi a realidade deles que me remeteu a Marx, e eu fui a Marx, e ai que os jornalistas europeus em 70 não entenderam a minha afirmação, é que quanto mais eu li Marx, tanto mais eu encontrei uma certa fundamentação objetiva para continuar camarada de Cristo, então as leituras que fiz de Marx, de alongamentos de Marx, não me sugeriram jamais que eu deixasse de encontrar Cristo na esquina das próprias favelas. Eu fiquei com Marx na mundanidade a procura de Cristo na transcendentalidade.[16]

É mister reiterar que, nesses anos iniciais, a fértil leitura de Freire, que, posteriormente, em muitos aspectos ultrapassaria suas referências no existencialismo, na fenomenologia, no cristianismo e mesmo no marxismo, ainda é incipiente, não considerando devidamente o papel da estrutura econômica concreta, o poder das suas forças hegemônicas e o papel não redentor da educação.

De toda forma transparece a busca freiriana por adequar suas reflexões pedagógicas à sua visão, em construção, do ser humano e do mundo. O trabalho nasce nas bases populares. Neste caminho a ética cristã se torna um dos motores da ontologia freiriana e o acompanhará ao longo de sua vida. Não apenas nos anos em que trabalhará no Conselho Mundial de Igrejas, mas sobretudo em muitos dos temas que desenvolverá em *espiral* como o amor, a esperança, democracia, diálogo, indignação etc.

O exílio no Chile (1964-1969)

O tempo que Freire vive no Chile é de avanço na fundamentação de seu pensamento. Nesse período escreve dois de seus mais

---
16   Entrevista concedida a Luciana Burlamaqui em 17 de abril de 1997 (TV PUC-SP).

importantes livros: *Educação como prática da liberdade* e *Pedagogia do oprimido*.

O primeiro trata de reflexão e refinamento de suas experiências no Brasil antes do golpe; o segundo revela o princípio do que viria a ser sua busca incansável: a *radicalização* de sua perspectiva dialética.

A atmosfera progressista no Chile da época foi decisiva, não somente por sua aproximação marxista, mas também pela autocrítica realizada, fortalecendo o caráter político de suas ideias.

Tal contexto o possibilitou rever o papel da consciência na transformação da sociedade sem inverter os polos dicotomicamente, mas radicalizar dialeticamente as relações entre transformação das consciências e transformação das estruturas sociais.

No plano teórico "refina" suas concepções existencialistas e fenomenológicas sem abandoná-las frente à contribuição marxista. Sua busca passa pela rigorosidade dialética, em que trata de demonstrar a unidade entre subjetividade e objetividade, entre oprimido e opressor, entre teoria e prática, entre seu pensamento no "passado" e seu pensamento presente, entre o trabalho dos chilenos antes e depois de sua chegada etc.

A *Educação como prática da liberdade* não se distancia da visão construída no Brasil, nas experiências antes do golpe. Neste primeiro livro, apesar do distanciamento do projeto burguês fundamentado nos estudos realizados no ISEB, Freire ainda apresenta uma visão idealista do ser humano e das relações de opressão.

Tal visão idealista toma forma no papel atribuído à consciência e à *conscientização*, conceito pelo qual eram conhecidas suas ideias. Existe nesse livro uma clara sobrevalorização do papel da consciência na transformação da realidade.

O conceito antropológico de cultura, ponto de partida para as discussões nos círculos de cultura não trataria apenas de uma ferramenta metodológica, mas apareceria como um fim (abstrato) em si mesmo: levar o educando a perceber que ele próprio era também um fazedor de cultura, para assim se engajar na mudança de sua vida.

Somente na *Pedagogia do oprimido* começa a aparecer o movimento freireano de entendimento da importância da mudança na estrutura social. Sua aproximação ao materialismo-histórico, contudo, é cautelosa. Freire rechaça a ideia – que nunca lhe foi cara – de que a consciência seria fazedora arbitrária do mundo, mas critica seu oposto mecanicista, que compreende a consciência como simples reflexo da realidade material.

A *Pedagogia do oprimido* é, sob esse ponto de vista, um avanço na sistematização de sua práxis, que compreende como *ação-reflexão*. O conceito de práxis está intimamente ligado à ideia de conscientização na obra de Freire:

> [...] o processo pelo qual [...] o sujeito se torna capaz de perceber, em termos críticos, a unidade dialética entre ele e o objeto. [...] não há conscientização fora da práxis, fora da unidade teoria-prática, reflexão-ação.[17]

Freire nos ensina a importância do entendimento conjuntural em que o ator social se insere. Trata-se do entendimento da relação existente entre determinada interpretação da realidade concreta e a ação concreta sobre essa mesma realidade. A práxis freiriana é, portanto, no sentido gramsciano, uma *tradução*.

Nesta direção, a leitura decolonial toma corpo decisivo na construção da ontologia do oprimido. Semeraro realiza estudo de grande valia para a discussão, uma vez que elucida as diferenças entre o oprimido e o *subalterno*. Àquele, além de suas posses

---
17 Freire, Paulo. *Ação cultural para liberdade e outros escritos*. 9ª ed. Rio de Janeiro: Paz e Terra, 2001, p. 163.

materiais, lhe foi negado o direito à própria condição de sujeito histórico, submetido à conquista e à colonização:

> Diferentemente do trabalhador europeu [...] o que se descobre na América Latina é um ser humano ao qual se nega a história. [...] O "oprimido" – como analisa E. Dussel – é o "sujeito negado", o sujeitado, a "vítima que não pode viver".[18] (Semeraro, 2009, p. 26)

Diferentemente dos "subalternos" concebidos na história capitalista intraeuropeia, aos quais lhe roubaram, grosso modo, as possibilidades de deter capital; ao oprimido lhe usurparam, sobretudo, o direito de dizer e criar sua própria história. Foi não somente subjugado, mas posto em uma condição de inferioridade, *naturalizado* em ser dominado através do colonialismo. A ideia de raça é um exemplo dessa naturalização ontológica:

> A ideia de *raça* [que] é, literalmente, um invento [e que não] tem relação com a estrutura biológica da espécie humana converteu-se em um dispositivo extraordinariamente potente de classificação e hierarquização mediante o qual conseguiu-se dar aparência de *natural* (e portanto sem relação nenhuma com a ordem social) às profundas desigualdades e hierarquias existentes nas sociedades modernas.[19]

Os oprimidos são os boias-frias, os retirantes, os favelados; ou os *esfarrapados*, os *condenados da terra*, como chamou Fanon em 1961. As mensagens desse autor ecoam nas primeiras palavras de *Pedagogia do oprimido*. As influências do pensamento decolonial de Frantz Fanon e Albert Memmi são de extrema importância para

---
18 Semeraro, Giovanni. *Libertação e hegemonia: realizar a América Latina pelos movimentos populares*. Aparecida: Ideias & Letras, 2009, p. 26.
19 Lander, Edgardo. "Marxismo, eurocentrismo e colonialismo". In: Boron, Atílio; Amadeo, Javier; González, Sabrina (Orgs.). *A teoria marxista hoje: problemas e perspectivas*. Buenos Aires: CLACSO, 2006, p. 207.

encorajá-lo nessa fundamentação, cada vez mais crítica do papel da consciência: o opressor estaria "dentro" do oprimido, em sua consciência, e não apenas "fora", na dominação econômica. Suas ideias se aproximam da leitura de Antonio Gramsci, que encontramos claramente explicitada, dentre outros textos, no seu *Caderno 11*: a ideia de que a transformação da realidade caminha junto com a transformação das consciências que operam essa mesma transformação na realidade.

Nos termos de Freire, utilizados no texto, não haveria mudança da estrutura social, se essa não se desse tanto na infraestrutura (dominação econômica), quanto na superestrutura (dominação cultural). Não se faria a revolução sem a preparação das consciências para tal. Por isso sua preocupação em sistematizar categorias que desvendem na práxis a consciência histórica do oprimido. Sua radicalidade se forma na *tradutibilidade* que realiza frente aos desafios que a realidade concreta lhe impõe. Sua teoria não se separa de sua ação, sua construção é práxis.

A experiência africana e a década de 1970

A década de 1970 é fundamental no caminho trilhado por Freire. Nesse período o autor amadurece decisivamente seu pensamento. Brechas que haviam ficado por preencher, como alude o próprio autor no prefácio à edição brasileira de *Ação cultural para a liberdade e outros escritos*, encontram fundamentação através de sua prática nesses anos.

O Instituto de Ação Cultural (IDAC), fundado com outros exilados que viviam em Genebra, em 1971 torna-se a grande base de discussões teóricas. Rosiska Darcy de Oliveira, uma das fundadoras do instituto, nos revela em depoimento:

O IDAC serve de base institucional para o envolvimento de Paulo Freire e sua equipe na implantação de programas de alfabetização de adultos nos países africanos recém-libertos da dominação portuguesa: Guiné-Bissau, Cabo Verde, São Tomé e Príncipe.[20]

É justamente à equipe do IDAC, que Freire concede a entrevista contida na *Ação cultural para a liberdade e outros escritos*. Essa entrevista é importante material para compreensão do pensamento desse autor, uma vez que Freire faz menção direta a seus posicionamentos em relação ao pensamento marxista.

Ainda que longo, o trecho a seguir, retirado da entrevista, deve aqui ser citado para reflexão:

> IDAC: [...] parece-nos que a acusação de idealismo repousa sobre uma base real, se levarmos em conta a experiência histórica do movimento de conscientização de massas empreendido no Brasil nos anos 1962 e 1964. Nesse tempo, a politização extremamente rápida de largas camadas populares, obtida através do programa de alfabetização, não foi suficiente para opor uma resistência válida ao golpe de estado militar que destruiu as esperanças despertadas nos camponeses e subproletários urbanos por essa tomada de consciência. Se nós estamos de acordo que a tomada de consciência de uma situação de opressão não basta para mudar essa realidade opressiva, teria sido necessário, na experiência brasileira, desenvolver, desde o começo, uma política de organização de massas populares com uma estratégia capaz de orientar sua ação de transformação social e política.
> FREIRE: Na medida em que, sobretudo nos meus primeiros trabalhos teóricos, nenhuma ou quase nenhuma referência fiz ao caráter político da educação e em que deixei de lado

---

20 Oliveira, Rosiska Darcy de. IDAC (verbete). *In*: Streck, Danilo; Redin, Euclides; Zitkoski, Jaime (Orgs.). Dicionário Paulo Freire. 2ª ed. Belo Horizonte: Autêntica, 2010. 1996, p. 214.

o problema das classes sociais e de sua luta, abri caminho a numerosas interpretações e práticas reacionárias da conscientização, o que vale dizer, a distorções do que ela realmente deve ser. Nem sempre, porém, as críticas a mim feitas o são porque eu tenha sido pouco claro na análise e na fundamentação teórica da conscientização. Pelo contrário, muitas destas críticas revelam a posição objetivista mecanicista, por isto mesmo antidialética, de quem as faz. Enquanto mecanicistas, negando a realidade mesma da consciência, recusam consequentemente a conscientização. Deixo, portanto, claro que, ao buscar superar minhas constantes debilidades, não tenho por que recusar o papel da conscientização no processo revolucionário.

IDAC: É verdade que muitas vezes essas críticas foram inspiradas pelo que você chama de posições mecanicistas e objetivistas. E, no entanto, Marx já chamava a atenção para o fato de que a situação revolucionária implica não somente fatores *objetivos* (a existência de uma realidade de opressão imposta a classes ou grupos sociais que se tornam a "negação viva" desse sistema explorador), mas também de fatores *subjetivos* (a consciência dessa realidade de opressão por parte dos oprimidos e sua disposição de agir para pôr fim a esse estado de coisas).

FREIRE: Aqui nós tocamos em um dos problemas fundamentais que sempre preocupou a filosofia e, de modo especial, a filosofia moderna. Refiro-me à questão das relações entre sujeito e objeto; consciência e realidade; pensamento e ser; teoria e prática. Toda tentativa de compreensão de tais relações que se funde no dualismo sujeito-objeto, negando assim a *unidade dialética* que há entre eles, é incapaz de explicar, de forma consistente, aquelas relações. Rompendo a *unidade dialética* sujeito-objeto, a visão dualista implica na negação ora da objetividade, submetendo-a aos poderes de uma consciência que a criaria a seu gosto, ora na negação da realidade da consciência, transformada, desta forma, em mera cópia da objetividade. Na primeira hipótese, caímos no erro subjetivista ou psicologista, expressão de um idealismo antidialético pré-hegeliano; na segunda, nos filiamos ao objetivismo mecanicista, igualmente antidialético. Na verdade, nem a consciência é exclusiva réplica da realidade nem esta é a construção caprichosa da consciência. Somente pela compreensão da *unidade dialética* em que se encontram solidárias subjetividade e objetividade podemos escapar ao erro subjetivista como ao erro mecanicista e, então, perceber o papel da consciência ou do "corpo consciente" na transformação da realidade.[21]

Nessa entrevista, datada de 1973, Freire nos dá elementos vitais para o entendimento acerca de sua leitura marxista. O autor assume que seus textos iniciais ressentem de reflexão quanto ao papel da luta de classes e ao caráter político da educação, o que considera parte de suas *"constantes debilidades"*, mas deixa claro que não nega – ao reconhecer suas falhas – o papel da conscientização.

Freire coloca de forma clara sua compreensão da perspectiva dialética, que, como afirma a equipe do IDAC, encontra fundamentação em Marx. O autor recorre à conhecida questão da inseparabilidade entre sujeito e objeto – análise que amadurecerá até o final da década, sobretudo na unidade entre os aspectos infraestruturais e superestruturais da realidade.

Vale lembrar que essa posição se encontra – ainda que incipiente – na própria *Pedagogia do oprimido*, em que o autor alerta para os sectários, tanto entre militantes marxistas, quanto a militantes cristãos. Sua crítica é dirigida ao mecanicismo objetivista, jamais ao marxismo; é dirigida ao idealismo – que reconhece em si próprio –, não ao papel da consciência.

Dentre os textos contidos no livro *Ação cultural para a liberdade e outros escritos*, um em especial denota essa problemática, sendo

---

21 Freire, Paulo. *Ação cultural para liberdade e outros escritos*. 9ª ed. Rio de Janeiro: Paz e Terra, 2001, p. 154-155.

tratada com mais maturidade por Freire: *O papel educativo das Igrejas na América Latina*. Já nas primeiras palavras coloca:

> As Igrejas, de fato, não existem como entidades abstratas. Elas são constituídas por mulheres e homens "situados", condicionados por uma realidade concreta, econômica, política, social e cultural. São instituições inseridas na história, onde a educação também se dá.[22]

Nesse artigo, o autor faz densas críticas às ilusões idealistas, que defendem a mudança das consciências como passo para a transformação do mundo. Critica sua inocência, mas também sua esperteza. Critica a ideia da conscientização como uma cura mágica que existiria sem as mudanças nas estruturas sociais:

> [...] querem chegar à transcendência sem passar pela mundanidade; querem a meta-história, sem experimentar-se na história; querem a salvação sem a libertação.[23]

Como se observa, principalmente, no livro *Ação cultural para a liberdade e outros escritos*, Freire defende que as Igrejas não são entidades neutras na história. E que não se pode transformar a realidade somente pela palavra de Jesus, tocando corações de fiéis, mas na ação que implica a palavra: a transformação das estruturas sociais opressoras.

Transformação aqui já claramente defendida como luta contra o capitalismo e a opressão das classes oprimidas. Não é coincidência, pois, que pesquisa quantitativa de Avelino da Rosa Oliveira demonstra que, em *Ação cultural para a liberdade*, o conceito de classe social aparece 257 vezes, enquanto é citado 61 vezes na *Pedagogia do oprimido*.[24]

---

22 Freire, Paulo. *Ação cultural para liberdade e outros escritos*. 9ª ed. Rio de Janeiro: Paz e Terra, 2001, p. 154-155; p. 123.
23 *Ibidem*, p. 137.
24 Oliveira, Avelino da R. Classe Social (verbete). *In*: Streck, Danilo; Redin, Euclides;

Fundamental, contudo, é a compreensão de que Freire se preocupa em tornar clara sua perspectiva marxista, sem renegar o papel da consciência na transformação da realidade. Nesse sentido o autor se aproxima do ideário gramsciano. A transformação da realidade – como afirma Gramsci no *Caderno 11*, e com o qual concordaria Freire – não acontece separada da transformação das consciências que operam nessa mesma realidade. Há, nesta filosofia, um princípio educativo fundamental, no qual o educador assume um papel determinante: *"A relação entre filosofia 'superior' e senso comum é assegurada pela 'política'"*.[25]

É nesta perspectiva que se coloca o termo *ação cultural*, que atribui uma implicação política à educação e confere o imperativo ético-político da transformação da realidade. É também sob esta mesma fundamentação que Freire passará a utilizar a palavra *libertação*, superando a ideia de *liberdade*, por implicar *luta*.[26]

Amadurece assim o processo de *radicalização* já apresentado na *Pedagogia do oprimido*. Radicalidade dialética como chave para a prática revolucionária, uma *tradução* que opere as transformações tanto no campo da infraestrutura, quanto no campo das superestruturas. A consciência da libertação não se forma fora da práxis revolucionária:

> De fato, a consciência de classe demanda uma prática de classe que, por sua vez, gera um conhecimento a serviço dos interesses de classe. Enquanto a classe dominante, como tal, constitui e fortalece a consciência de si no exercício do poder econômico, político e sócio – cultural, com o qual se sobrepõe

---

Zitkoski, Jaime (Orgs.). Dicionário Paulo Freire. 2ª ed. Belo Horizonte: Autêntica, 2010. 1996, p. 70.
25 Gramsci, Antonio. *Cadernos do cárcere*. Vols. 1 e 2. Rio de Janeiro: Civilização Brasileira, 2006, p. 101.
26 Freire, Paulo; Guimarães, Sérgio. *Aprendendo com a própria história*. Rio de Janeiro: Paz e Terra, 1987.

à classe dominada e lhe impõe suas posições, esta só pode alcançar a consciência de si através da práxis revolucionária. Por meio desta, a classe dominada se torna "classe para si" e, atuando então de acordo com o seu *ser*, não apenas começa a conhecer, de forma diferente, o que antes conhecia, mas também a conhecer o que antes não conhecia. Neste sentido é que, não sendo a consciência de classe um puro estado psicológico nem a mera sensibilidade que têm as classes para detectar o que se opõe a suas necessidades e interesses, implica sempre num conhecimento de classe. Conhecimento, porém, não se transfere, se cria, através da ação sobre a realidade.[27]

A crítica realizada por Marx e Engels na *Ideologia alemã* demonstra clara influência sobre o pensamento de Freire. Os autores europeus, ao criticarem a filosofia idealista alemã, defendem que a filosofia não deve descer *"do céu para a terra"*, mas partir da *"terra para atingir o céu"*. O *"processo de vida real"*, a produção material de sua existência será o ponto de partida de sua análise:

> Totalmente ao contrário da filosofia alemã, que desce do céu à terra, aqui se eleva da terra ao céu. Quer dizer, não se parte daquilo que os homens dizem, imaginam ou representam, tampouco dos homens pensados, imaginados e representados para, a partir daí, chegar aos homens de carne e osso; parte-se dos homens realmente ativos e, a partir de seu processo de vida real, expõe-se também o desenvolvimento dos reflexos ideológicos e dos ecos desse processo de vida. Também as formações nebulosas na cabeça dos homens são sublimações necessárias de seu processo de vida material, processo empiricamente constatável e ligado a pressupostos materiais. A moral, a religião, a metafísica e qualquer outra ideologia, bem como as formas de consciência a elas correspondentes, são privadas, aqui, da aparência de autonomia que até então

---

27 Freire, Paulo (2001). *Op. cit.*, p. 165-166.

possuíam. Não têm história, nem desenvolvimento; mas os homens, ao desenvolverem sua produção e seu intercâmbio materiais, transformam também, com esta sua realidade, seu pensar e os produtos de seu pensar. Não é a consciência que determina a vida, mas a vida que determina a consciência. No primeiro modo de considerar as coisas, parte-se da consciência como do indivíduo vivo; no segundo, que corresponde à vida real, parte-se dos próprios indivíduos reais, vivos, e se considera a consciência apenas como sua consciência.[28]

Apontamentos para reflexão

Partindo do diálogo com o personalismo cristão, na primeira metade da década de 1960, seguido pelas apropriações com o existencialismo e com a fenomenologia e, finalmente, em sua aproximação aos quadros marxistas, localizam-se decisivamente as valiosas contribuições de Freire à educação popular no Brasil e no então chamado terceiro mundo.

A aproximação marxista do autor tem claras implicações em sua ontologia, sem esgotar, contudo, a contribuição de sua mirada decolonial e das correntes filosóficas com as quais trava contato. Nesse sentido, desponta em seu pensamento uma perspectiva ontológica que se fundamenta no embate que trava com a necessidade, dentro do próprio pensamento marxista, de uma reflexão mais aprofundada acerca do papel da consciência, da subjetividade e da compreensão da ontologia do ser social na transformação da realidade.

A firme opção pelo *ethos* humanista que o autor, de forma coerente, não abandona ao longo dos tempos, reserva lugar de enorme importância à ontologia do oprimido. Freire resgata a *ética universal*, a preocupação com a *essência*, com a *verdade*. Mas o faz através das

---

28 Marx, Karl; Engels, Friedrich. *A ideologia alemã: Crítica da mais recente filosofia alemã em seus representantes Feuerbach, B. Bauer e Stirner, e do socialismo alemão em seus diferentes profetas (1845-1846)*. São Paulo: Boitempo, 2007, p. 94.

lentes do oprimido, numa clara crítica à preponderância e reducionismo da teoria do conhecimento eurocêntrica que domina o pensamento ocidental desde a Modernidade. Sua defesa não é uma volta à metafísica. Para ele não se trata de opor o *estudo do ser* ao *estudo do conhecimento*. Para Freire, *ser* e *conhecer* não se separam. Pois, se a ontologia do oprimido é um *vir a ser*, a luta contra a opressão se torna imperativa, uma vez que não se separa da própria luta para *ser*.

Referências bibliográficas

CHABALGOITY, Diego. *Ontologia do oprimido: construção do pensamento filosófico em Paulo Freire*. Jundiaí-SP: Paco Editorial, 2015.

FÁVERO, Osmar. *Paulo Freire: primeiros tempos*. Disponível em http://forumeja.org.br/doc.freire. s. d., p. 8. Acesso em 20 de janeiro de 2012.

FREIRE, Ana Maria A. A voz da esposa: a trajetória de Paulo Freire. *In*: GADOTTI, Moacir (Org.). *Paulo Freire: uma biobibliografia*. São Paulo: Cortez; Instituto Paulo Freire; Brasília: UNESCO, 1996, p. 27-67.

FREIRE, Paulo. "Conscientização e alfabetização: uma nova visão do processo". *In: Estudos universitários: Revista de cultura da Universidade do Recife*, nº 4, abr-jun, 1963.

_____. *Pedagogia do oprimido*. 17ª ed. Rio de Janeiro: Paz e Terra, 1987.

_____. *Ação cultural para liberdade e outros escritos*. 9ª ed. Rio de Janeiro: Paz e Terra, 2001.

FREIRE, Paulo; Guimarães, Sérgio. *Aprendendo com a própria história*. Rio de janeiro: Paz e Terra, 1987.

GADOTTI, Moacir (Org.). *Paulo Freire: uma biobibliografia*. São Paulo: Cortez; Instituto Paulo Freire; Brasília: UNESCO, 1996.

GRAMSCI, Antonio. *Cadernos do cárcere*. Vols. 1 e 2. Rio de Janeiro: Civilização Brasileira, 2006.

LACORTE, Rocco; SILVA, Percival Tavares; FRANÇA, Maria Julia Paiva de; LEITÃO, Sonia. "Sobre a 'tradutibilidade' de Gramsci e algumas transformações sociais na Itália e no Brasil". *In: Revista virtual En_Fil*, Ano 1, n° 2, set/2013. Disponível em http://en-fil.net/.

LANDER, Edgardo. "Marxismo, eurocentrismo e colonialismo". *In:* BORON, Atílio; AMADEO, Javier; GONZÁLEZ, Sabrina (Orgs.). *A teoria marxista hoje: problemas e perspectivas*. Buenos Aires: CLACSO, 2006.

LUKÁCS, György. *A ontologia do ser social*. São Paulo: L.E.C.H. Livraria Editora Ciências Humanas, 1972.

MACIEL, Jarbas. "A fundamentação teórica do sistema Paulo Freire de educação". *In: Estudos universitários: Revista de cultura da Universidade do Recife*, n° 4, abr-jun, 1963.

MARX, Karl; ENGELS, Friedrich. *A ideologia alemã: Crítica da mais recente filosofia alemã em seus representantes Feuerbach, B. Bauer e Stirner, e do socialismo alemão em seus diferentes profetas (1845-1846)*. São Paulo: Boitempo, 2007.

SCOCUGLIA, Afonso Celso. *A história das ideias de Paulo Freire e a atual crise de paradigmas*. 2ª ed. João Pessoa: UFPB, 1999.

SEMERARO, Giovanni. *A primavera dos anos 60: a geração de Betinho*. São Paulo: Edições Loyola, 1994.

_____. *Libertação e hegemonia: realizar a América Latina pelos movimentos populares*. Aparecida: Ideias & Letras, 2009.

STRECK, Danilo; REDIN, Euclides; ZITKOSKI, Jaime. (Orgs.). *Dicionário Paulo Freire*. 2ª ed. Belo Horizonte: Autêntica, 2010.

TORRES, Carlos Alberto. *Diálogo com Paulo Freire*. 3ª ed. São Paulo: Edições Loyola, 2003.

Caio Prado Júnior e Florestan Fernandes: marxismo e pensamento social brasileiro

MARCOS MARQUES DE OLIVEIRA[29]

O objetivo deste texto é apresentar uma reflexão sobre o lugar do marxismo no chamado "pensamento social brasileiro",[30] com destaque para as contribuições de Caio Prado Júnior e Florestan Fernandes. Começaremos com uma breve definição de "marxismo", seguindo com a identificação dos primeiros momentos de divulgação desta corrente de pensamento no Brasil, para depois situar o impacto das obras dos autores citados no desenvolvimento das interpretações históricas e sociológicas que buscaram analisar a formação de nossa sociedade. No caso de Caio Prado e Florestan, como pretendemos demonstrar, as dimensões mais significativas deste processo, seguindo os ditames epistemológicos do "materialismo histórico e dialético", estão relacionadas às questões de modernização e mudança social que foram responsáveis pela construção e configuração do Estado brasileiro, assim como pela

---

29 Cientista Social e Doutor em Educação Brasileira pela UFF. Professor do Instituto de Educação de Angra dos Reis (IEAR/UFF) e do Programa de Pós-Graduação em Educação da UFF.
30 De acordo com Lilia Schwarcz e André Botelho (2011), "pensamento social" é uma área multidisciplinar "que compreende não apenas as três disciplinas básicas das ciências sociais – a antropologia, a ciência política e a sociologia –, como ainda a história, a teoria literária e a filosofia política, entre outras disciplinas".

conformação da nossa cultura política e, por consequência, da nossa concepção de cidadania.

Afinal, o que é marxismo?

No pântano de possíveis definições deste termo complexo, do ponto de vista histórico e também filosófico, adotamos aqui a interpretação original de Friedrich Engels, parceiro de Karl Marx, expressa em uma de suas obras, o *Anti-Dühring*, publicada em 1878.[31] Na sua acepção, a linha de pensamento que ele e Marx inauguravam se distanciava tanto do "materialismo primitivo", de caráter naturalístico, como de sua filosofia opositora, o "idealismo", cuja expressão máxima se dá com o advento das religiões monoteístas. Se o primeiro campo não foi capaz de bem explicar as relações entre pensamento e matéria, o segundo, por defender hipóteses abstratas (como a ideia da existência de uma alma separável do corpo) permanecia insuficiente com fonte de análise efetiva da realidade humana, em suas configurações históricas, sociais e naturais. Era necessária, portanto, a incorporação do conteúdo dos dois modelos de pensamento que herdávamos, após dois milênios de desenvolvimento da Filosofia, para uma "negação da negação". Ou melhor, a superação (na mesma medida em que *elimina* e *conserva*) das contribuições do materialismo antecedente e do idealismo em prol da criação de uma nova concepção de mundo que encontrará (eis o eterno exercício do método) sua confirmação *nas e com* as "ciências reais". Enfim, uma nova forma de pensar para o mesmo conteúdo: a vida humana, social e natural, sobre a Terra.

Nesta perspectiva, a dialética subjetiva (o pensamento) é produto da dialética objetiva (o mundo material), o que vai levar outro

---

31 Aqui, trabalhamos com Engels, Friedrich. *Anti-Dühring*. 3ª ed. São Paulo: Paz e Terra, 1990.

importante seguidor de Marx, Vladimir Ilitch Lenin,[32] a sentenciar que as leis da lógica são o reflexo do objetivo na consciência subjetiva do homem. Reflexo, diga-se, não imediato, já que há uma relação íntima entre realidade e pensamento; e entre estes e a linguagem que expressa os respectivos e mútuos condicionamentos. O importante é que com o marxismo temos a incorporação da prática à teoria do conhecimento, sendo esta a mais alta conquista da Filosofia, já que toma o real como fundamento e critério de verdade do próprio conhecimento humano.

A questão, porém, é que este modo de pensar inaugurado no século XIX pelo "corifeu da filosofia da práxis", nas palavras de Antonio Gramsci,[33] que se posta ao mesmo tempo como "um instrumento de transformação do mundo", não resultou num modelo único de interpretação e ação. E, talvez, nem deveria. Afinal, como alertou o intelectual russo Ovshi Yajot, em texto original da década de 1960, a descoberta da prática como "base e a força motriz do conhecimento" não poderia redundar na ideia da existência de uma "verdade absoluta" facilmente codificada, ainda que generosa.

> De tudo isso se deduz que o conhecimento humano se desenvolve do desconhecimento ao conhecimento, do conhecimento incompleto a um conhecimento cada dia mais completo. Na natureza não existem coisas em si incognoscíveis, mas somente coisas não conhecidas ainda e que serão descobertas pela ciência e pela prática.[34]

---

32 Lenin, Vladimir Ilitch. *Cadernos sobre a dialética de Hegel*. Rio de Janeiro: Ed. UFRJ, 2011.
33 Gramsci, Antonio. *Maquiavel: a política e o estado moderno*. Rio de Janeiro: Civilização Brasileira, 1968.
34 Yajot, Ovshi *apud* Sodré, Nelson Werneck. *Fundamentos do materialismo dialético*. Rio de Janeiro: Civilização Brasileira, 1968, p. 160.

Marxismo no Brasil: proto-história

Portanto, tão interessante quanto imaginar os motivos que levaram "um espectro que ronda(va) a Europa"[35] ter ido primeiramente baixar, por "ironias da história",[36] num dos países de menor desenvolvimento das "forças produtivas" daquela parte do globo,[37] é investigar os caminhos e descaminhos da chegada e do desenvolvimento do pensamento dito "marxista" em sociedades periféricas como a nossa. Que sofreram, por definição e condição histórica, a "crise estrutural do processo de industrialização", com forte debilidade dos fatores de impulsão inicial ao capitalismo. Talvez não seja difícil lembrar, como faz Leandro Konder, que quando da publicação do *Manifesto do Partido Comunista*, em 1848, o Brasil vivia os primeiros anos do império de D. Pedro II, em que os ventos republicanos sopravam como fraca brisa, sob a inspiração dos ideais democráticos europeus. Dessa forma, as primeiras sementes socialistas foram plantadas de maneira esparsa e confusa, devido às dificuldades encontradas para sua germinação.[38] Mas, apesar das barreiras, há importantes registros do desenvolvimento do pensamento socialista em solo brasileiro. Os primeiros ecos vêm de Pernambuco, com destaque para as reflexões de Antonio Pedro de Figueiredo e José Inácio Abreu e Lima. O primeiro, admirador do filósofo francês Victor Cousin, escreveu, por volta de 1852, textos

---

35 Marx, Karl; Engels, Friederich. *Manifesto do Partido Comunista*. Porto Alegre: L&PM, 2009, p. 21.
36 Buey, Francisco Fernandez. *Marx (sem ismos)*. Rio de Janeiro: UFRJ, 2009, p. 217.
37 Referimo-nos, claro, à "Rússia atrasada e arruinada pela guerra", que "deu à luz a primeira revolução vitoriosa na história da humanidade de caráter popular, proletário, antiburguês, que soube manter-se única, só, contra o mundo. Sobreviver a várias mortes, salvar a humanidade, imprimir sua marca na história do século – e desaparecer com ele" (Maidanik, 1998, p. 11).
38 "Se era tão difícil ser republicano, podemos imaginar que deveria ser praticamente impossível ser socialista. Os ideais socialistas custavam a chegar aqui; estavam expostos em livros caros, importados. Quando chegavam, como seria possível interpretá-los? Como poderiam ser utilizados, aplicados a uma realidade tão diferente daquela em que se originaram? Como se conseguiria traduzi-los em ação?" (Konder, 2003, p. 27-28).

com alusão aos ideais socialistas de promoção e aperfeiçoamento moral e material da humanidade. Já o segundo, apesar de ter participado da campanha de Simon Bolívar contra a Espanha em terras venezuelanas, escreveu um livro chamado *O socialismo* no qual se dizia contrário aos ideais de Saint-Simon, Fourier e Owen. Mas, ao menos, os explicava como uma "tentativa" de tornar o gênero humano uma só família.

O debate começa a esquentar a partir da repercussão, na Câmara dos Deputados, da Comuna de Paris,[39] em 1871, quando o problema da "questão social" europeia, liderada pelo movimento operário, começa a se articular, de forma embrionária, às preocupações com a "questão servil" brasileira, relacionados às polêmicas sobre a escravidão nesse país então agrícola e exportador de matérias-primas. As referências, no entanto, pecavam pela imprecisão, denotando grande atenção aos impactos negativos que o "cancro do mundo moderno" (uma das definições então dadas ao "comunismo", movimento social baseado nas premissas da "perigosa" escola da "filosofia do materialismo alemão") poderia ter no Brasil, consubstanciando, inclusive, a postura do governo brasileiro em adotar a política de extradição dos foragidos em apoio ao governo francês restituído. Já em 1872, teremos a primeira menção direta ao nome de Marx num documento histórico escrito em português. O mérito foi da revista *Echo Americano*, editada em Londres, sob a direção de Luís Bivar e Melo Morais Filho, que, em seu número 20, de 29 de fevereiro, teve "Dr. Karl Marx" como título de um de seus artigos. Buscava-se defender sua doutrina das interpretações "malignas", destacando seu objetivo de fundir todas as classes sociais

---

[39] A Comuna de Paris, de 1871, considerado o primeiro governo operário da história, durou de 26/03 a 28/05. Instigado pela resistência popular à invasão da França pela Prússia, adotou uma política de inspiração socialista, com base nos princípios da Primeira Internacional dos Trabalhadores. Foi esmagada, porém, pelas forças conservadoras, que eram favoráveis ao armistício com o inimigo externo.

numa "Associação dos Produtores Livres" com base na "propriedade coletiva do terreno e dos instrumentos de trabalho". Registra-se também a publicação, agora em 1879, de um novo texto no jornal *A Reforma*, ligado ao Partido Liberal, de autoria do abolicionista Joaquim Serra, que defendia as ideias de Marx contra as do anarquista Mikhail Bakunin.[40]

Já em 1887, foi a vez do filósofo e jurista Tobias Barreto publicar, em *Estudos Alemães*, uma caracterização de Marx como "o terrível crítico do capital" e "o mais valente pensador do século XIX". Mas que tinha o pecado de ser defensor de uma falsa solução (o comunismo), que nos levaria ao "mais alto grau de servidão". Em 1902, o positivista Clóvis Beviláqua, num ensaio sobre "o problema da miséria", também faz elogios ao fervor proletário e à cientificidade de Marx, mas não o poupa da crítica de ser mais "revolucionário" que "construtor". O mesmo jurista já havia citado o pensador alemão num texto de 1886, o situando, em termos de pensamento, ao lado de Ferdinand Lassalle, precursor do movimento social-democrata, em sua perspectiva mais reformista. E algo parecido também havia sido feito por outro famoso jurista, Rui Barbosa, que em 1884 classificou Marx entre os apóstolos da "partilha [e não da superação] do capital", tal como Saint-Simon e, entre outros, Proudhon. Apesar de não exaustivos,[41] tais registros sugerem que até aquele momento pairava por aqui uma visão bastante superficial e preconceituosa sobre a vida e a obra de Marx.

> Marx não era – nem podia ser – no Brasil de então, o colosso que começava a despertar a admiração de grande parte dos socialistas europeus. Na Europa, seu nome estava ligado a um pensamento que se traduzia numa ação, representava

---
40 Konder, Leandro. *História das ideias socialistas no Brasil*. São Paulo: Expressão Popular, 2003, p. 31.
41 Uma descrição pormenorizada deste processo pode ser encontrada em Moraes Filho (1991).

um movimento que interferia vigorosamente na vida política. Aqui, tinha uma repercussão abstrata, [ainda] imprecisa, às vezes pitoresca ou divertida.[42]

Do anarquismo ao comunismo

Tal processo ganha novos contornos com a Abolição da Escravatura (1888) e a Proclamação da República (1889). Ainda que de forma tímida, estão criadas as condições para o início da industrialização do país, com a respectiva formação dos agrupamentos operários e, por consequência, dos germes das futuras organizações sindicais. Afinal, não se organiza aquilo que não existe... Animam-se, com essa dinâmica, os elementos embrionários do socialismo brasileiro, já divididos, de acordo com a nomenclatura da época, entre "social-democratas" e "libertários". Repetia-se, de alguma forma, as correntes europeias desenhadas, em 1889, com a instauração da Segunda Internacional dos Trabalhadores. No primeiro espectro, falando do cenário europeu, figuram os socialistas mais reformistas e mesmo revolucionários (Marx entre estes), ainda que não adeptos da "ação direta", tática própria dos "libertários" identificados com o ideário anarquista. Porém, no caso do Brasil, estes últimos também acabam por se dividir, na conceituação de Konder, entre os "puros", que recusavam a política partidária, e os "impuros", que não recusavam a ação direta, mas também lançavam mão da organização por bases sindicais.[43] Não por acaso, os expoentes do "anarcossindicalismo", como ficaram conhecidos os "impuros", assumiram a hegemonia política do movimento operário brasileiro em formação, liderando com vigor as mobilizações

---

42 Konder, Leandro. *Op. cit.*, p. 32.
43 "Os anarquistas 'impuros' tiveram uma eficácia política muito maior que os anarquistas 'puros'. Em geral, esses anarquistas 'impuros' foram capazes de participar mais efetivamente da vida e das lutas das comunidades a que estavam ligados. Faziam pregação doutrinária, mas também sabiam agitar, quando a agitação lhes parecia necessária" (*Ibidem*, p. 36-37).

das duas primeiras décadas do século XX, especialmente em São Paulo e Rio de Janeiro, que contavam com grande contingente migratório provindo da Europa. Foram eles os artífices de diversas greves e das inúmeras associações operárias voltadas à organização da classe trabalhadora, assim como para a criação de cooperativas e ações de socorro mútuo. Esse movimento teve seu ápice entre os anos 1917 e 1920, período no qual o mundo sofreu os impactos da Primeira Guerra Mundial. No Brasil, por exemplo, os protestos contra a carestia e as péssimas condições de trabalho tiveram grande lastro, mas foram veementemente reprimidos. A resistência, porém, aumentou e alguns atos chegaram a contar com o envolvimento de mais de 100 mil pessoas. Foram, só no Rio de Janeiro, mais de 200 paralisações nesse curto período, em que a bandeira pela jornada diária de oito horas de trabalho pode ser considerada a mais relevante em termos de "civilização" das relações trabalhistas então vigentes.

Mas os limites do movimento anarquista começaram a aparecer quando da necessidade de fortalecer a organização dos trabalhadores através da formação de partidos que pudessem ampliar a sua participação política na vida da nação.[44] Já sob os influxos da Revolução Russa, alguns aderiram às novas concepções elaboradas por Lênin, defendendo não tanto as estratégias que levaram os bolcheviques a assumir o poder político naquele momento singular da Rússia, mas a suposta inevitabilidade de se tomar medidas de centralização das decisões políticas e, inclusive, a militarização do projeto revolucionário para a superação do capitalismo. Simpatizantes iniciais dos ventos que sopravam da Rússia, alguns expoentes do "socialismo libertário" logo rejeitaram estes novos princípios de organização da classe operária, defendendo a manutenção das antigas

---

44   Sobre as virtudes e os limites da trajetória anarquista na Primeira República do Brasil, *cf.* Toledo (2007).

armas de mobilização e ação. Outra parcela dos "anarcossindicalistas" foi seduzida pelo sucesso inicial da primeira grande experiência socialista, que vai se denominar futuramente de "soviética" e/ou "marxista-leninista". Tal processo culmina na fundação do Partido Comunista do Brasil (PCB), logo no início dos anos 1920,[45] dando fim ao período de apropriações ocasionais das ideias de Marx, quase sempre realizadas com aproximações acríticas aos movimentos do socialismo reformista, anarquista e, mesmo, positivista. Mas a fundação do partido contribuiu para melhorar as condições de difusão da obra original de Marx ou dos pioneiros do marxismo por aqui? Não, necessariamente.

> O que poderiam fazer 73 militantes espalhados num país imenso para promover a transformação revolucionária da sociedade? Além das dificuldades que enfrentavam para adotar teorias que entravam em choque com as convicções que defendiam anteriormente, os fundadores do Partido Comunista se viam severamente criticados por seus ex-companheiros fiéis aos ideais ácratas, que os acusavam de "vira-casacas". Para se sentirem seguros de que o novo partido iria sobreviver [...] os comunistas brasileiros se empenharam em ser reconhecidos como parte de um vasto movimento mundial.[46]

Assim, buscando o reconhecimento internacional (que virá em 1924) do movimento socialista, então hegemonizado pela União das Repúblicas Socialistas Soviéticas (URSS), a sessão brasileira da Internacional Comunista dedica-se a um importante trabalho de publicação das obras clássicas do marxismo,[47] sem descurar das

---

45 Sobre a gênese do Partido Comunista do Brasil, cf. Del Roio (2007). Essa foi a primeira designação do partido, que em 1960 vai passar a se chamar Partido Comunista Brasileiro, levando a sigla PCB. Dois anos após, uma cisão vai dar origem ao Partido Comunista do Brasil, sob a sigla PCdoB.
46 Konder, Leandro. Op. cit., p. 48.
47 Com destaque, em 1923, para o lançamento em português do *Manifesto do Partido Comunista*, 75 anos depois de sua primeira edição na Europa. Obra do farmacêutico au-

tentativas de elaborar uma visão "crítica" do passado, do presente e do futuro da sociedade brasileira. Tal como ousou fazer Octávio Brandão em *Agrarismo e Industrialismo*, publicado em 1926, mas cujo resultado ficou longe do que poderia se esperar, segundo a análise de Konder, de um verdadeiro "materialismo dialético".

> O grande desafio, para um materialismo dialético, sempre foi pensar a relação entre a força transformadora (e autotransformadora) do sujeito e a força inerente ao movimento (ou à inércia) do objeto. Do ângulo do materialismo mecanicista ou do chamado "evolucionismo vulgar", a criatividade do sujeito se esfuma e se dissipa, desaparece o espaço em que a iniciativa do sujeito poderia desempenhar um papel realmente significativo, o movimento subjetivo tende a se reduzir a um epifenômeno, a um apêndice do movimento objetivo: os homens passam a ser marionetes, bonecos manipulados pelo crescimento das forças produtivas e por uma estranha dinâmica cega derivada das relações de produção. O ser social não só determina a consciência (como ensinou Marx), mas também a determina de forma unívoca, direta e imediata.[48]

Apreciação parecida fará Evaristo de Moraes Filho.

> O pequeno volume é muito palavroso, violento, verdadeiramente panfletário. Não alcança os objetivos a que se propôs, de maneira alguma. Ainda estava por vir uma interpretação marxista da história econômico-social do Brasil, que só irá acontecer, bem mais tarde, com Caio Prado Júnior.[49]

---

todidata Octávio Brandão, que teve contato com as traduções francesas de Marx, Engels e Lenin. Filiado ao PCB em 1922, será o responsável pela fundação, em 1925, do jornal *A Classe Operária*. Mais sobre Brandão e outro pioneiro do "comunismo nacional", o jornalista Astrojildo Pereira, *cf.* Amaral (2007).

48 Konder, Leandro. A façanha de uma estreia. *In*: D'Incao, Maria Angela. *História e ideal: ensaios sobre Caio Prado Júnior*. São Paulo: Brasiliense/UNESP, 1989, p. 135.

49 Moraes Filho, Evaristo de. A proto-história do marxismo no Brasil. *In*: Reis, Daniel Aarão; Moraes, João Quartim. *História do marxismo no Brasil (v. 1): o impacto das revoluções*. Rio de Janeiro: Paz e Terra, 1991, p. 44.

Os motivos para isso? É o que observaremos a seguir. Mas antes, por uma questão de justiça, ao menos metodológica, convém lembrar uma visão mais amena da contribuição de Octávio Brandão.

> O pioneirismo intelectual de Brandão não se limitou [...] à aplicação do marxismo-leninismo na interpretação do Brasil: abrangeu a própria caracterização da doutrina por meio da qual o interpretou. Reforça-se assim a hipótese de haver sido espontânea sua convergência com o marxismo de Stalin, ou, para ser mais exato, com a evolução doutrinária do marxismo sob a ditadura staliniana [...]. De poucas obras dir-se-á com razão serem tão paradoxais quanto *Agrarismo e industrialismo*. Seus defeitos saltam aos olhos, mas não devem fazer perder de vista nem o pioneirismo doutrinário, [...] nem a percepção, que nos parece justa, de que o principal conflito no Brasil de então opunha os interesses da nação aos das oligarquias agrárias.[50]

Questão duvidosa, claro, e que também será "superada" com as contribuições de Caio Prado Júnior, que iniciam, assim, uma nova era de interpretações mais argutas sobre a complexa estrutura social e política forjadas na história do Brasil, da qual serão herdeiros, segundo Fernando Henrique Cardoso,[51] nomes como Raymundo Faoro e Celso Furtado.

Caio Prado: nova visão sobre a formação do Brasil

Somente após 1930 é que a obra de Marx começa a ter uma divulgação mais sistemática no Brasil. São realizadas novas traduções, mas também circulam diversas edições estrangeiras. Porém,

---

50 Moraes, João Quartim. A influência do leninismo de Stalin no comunismo brasileiro. In: Reis, Daniel Aarão; Moraes, João Quartim. *História do marxismo no Brasil (v. 1): o impacto das revoluções*. Rio de Janeiro: Paz e Terra, 1991, p. 79.
51 Cardoso, Fernando Henrique. *Pensadores que inventaram o Brasil*. São Paulo: Companhia das Letras, 2013.

isso ocorre com a hegemonia do "marxismo-leninismo" de inspiração estalinista, que acaba por reduzir a teoria a uma simples técnica de análises conjunturais, sob o prisma de um "imperialismo" classista supostamente operário, para corroborar, na verdade, o ponto de vista de "um" partido: o soviético.[52] Tal situação vai perdurar por mais de 30 anos, período no qual o mundo e o Brasil são afetados por relevantes acontecimentos. No caso do primeiro, ressaltam-se os efeitos nas relações internacionais com a Segunda Grande Guerra Mundial (1939-1945). No segundo, a conformação de uma nova relação entre Estado e sociedade civil gerada pelas injunções dos governos de Getúlio Vargas[53] (1930-1937; 1937-1945; 1950-1954). No campo específico da história do comunismo, são também relevantes os seguintes fatos, em nível mundial e nacional: o breve período de legalização do Partido Comunista no Brasil, entre 1945 e 1947; a Revolução Chinesa, em 1949;[54] a morte de Josef Stalin, em 1953; a realização do XX Congresso do Partido Comunista soviético, em 1956, dando início ao primeiro processo de desestalinização do movimento comunista mundial; a crise entre a URSS e a China, em 1958; a Revolução Cubana, em 1959;[55] a já citada cisão no comunismo brasileiro entre PCB e do PCdoB, a partir dos anos 1960; o congelamento, a partir de

---

52 Sobre a influência do leninismo de Josef Stalin (que governava a URSS desde 1922) no comunismo brasileiro, cf. Moraes, Op. cit.

53 Em relação à atuação do PCB nos primeiros governos de Vargas, cf. Vianna, Marly de Almeida Gomes. O PCB: 1929-43. In: Ferreira, Jorge; Reis Filho, Daniel Aarão. A formação das tradições (1889-1945). (As esquerdas no Brasil; v.1). Rio de Janeiro: Civilização Brasileira, 2007, p. 331-364.

54 Sobre a influência do maoismo, referência ao líder da Revolução Chinesa, no Brasil, cf. Reis Filho, Daniel Aarão. O maoismo e a trajetória dos marxistas brasileiros. In: Reis Filho, Daniel Aarão; Moraes, João Quartim. História do marxismo no Brasil (v. 1): o impacto das revoluções. Rio de Janeiro: Paz e Terra, 1991, p. 105-132.

55 Em relação às influências da Revolução Cubana na esquerda brasileira, cf. Sader, Emir. Cuba no Brasil: influências da Revolução Cubana na esquerda brasileira. In: Reis, Daniel Aarão; Moraes, João Quartim. História do marxismo no Brasil (v. 1): o impacto das revoluções. Rio de Janeiro: Paz e Terra, 1991, p. 157-184.

1964, do processo de desestalinização na URSS pelo governo de Leonid Brejnev; o início da Ditadura Militar no Brasil, também em 1964; assim como as tentativas de resistência, abertas ou não, a esta ditadura, que vão resultar na opção por alguns grupos de esquerda pela tática de guerrilha e a revolução armada.[56] O importante para nós, nesse momento, é lembrar que parte robusta da obra de Caio Prado foi produzida durante essa época, quando militante do PCB. Porém, como demonstra Konder, o pensador em foco foi muito mais do que um "intelectual 'oficial' do Partido", se distanciando, já no primeiro livro, da perspectiva metodológica doutrinária utilizada pelos dirigentes comunistas na interpretação histórica do país e, por consequência, de seus dilemas sociais.

> A perspectiva materialista da *Evolução Política do Brasil* [publicado em 1933] exigia que o historiador reconhecesse simultaneamente toda a dureza das condições objetivas e todos os empenhos subjetivos que cabiam no quadro constituído pela objetividade, pela sociedade brasileira. Caio Prado Júnior não olhava para o mundo como o lugar de onde viria uma catástrofe redentora (a guerra): a situação lá fora era a situação do mercado mundial, que deveria ser avaliada em função da nossa situação interna; isto é, das vicissitudes do nosso modo de produção. Nossos problemas eram os problemas da nossa sociedade e da nossa articulação com o mercado mundial.[57]

Desta forma, Caio Prado inaugura sobre o Brasil uma explicação marxiana original. Contrariando a ideia que vivíamos em "atraso", sua interpretação nos afirmava como um país que *foi* e *é* "moderno". De uma modernidade triste. Mas, moderno. As sobrevivências "pré-capitalistas", nunca feudais, nas relações de trabalho

---

56 Sobre o tema, *cf.* Gorender, Jacob. *Combate nas trevas. A esquerda brasileira: das ilusões perdidas à luta armada.* São Paulo: Ática, 1987.
57 Konder, Leandro (1989). *Op. cit.*, p. 136.

no campo não foram e não seriam obstáculos ao desenvolvimento capitalista. São, na verdade, a razão de ser do nosso modo de produção periférica, que resulta numa situação aguda de baixo padrão de vida e desigualdade. Nas palavras de Carlos Nelson Coutinho, quando trata do passado, especialmente em *Formação do Brasil Contemporâneo (Colônia)*, publicado em 1942, Caio Prado "tem sempre em vista a investigação do presente como história, o que implica para ele, enquanto marxista, uma análise dialética da gênese e das perspectivas desse presente".[58] Assim, mantendo o movimento dialético como núcleo de sua interpretação, apesar de trabalhar com a dificuldade "estrutural" do estoque "baixo, reduzido e problemático" do categorial marxiano no Brasil de então, ele acaba por ser um *seguidor* de Lênin e de Gramsci (este, claro, como licença poética, já que provavelmente não o leu) na contribuição destes para o enriquecimento do conceito marxista de vias *não clássicas* ("Via Prussiana", em Lênin; "Revolução Passiva", em Gramsci) para o capitalismo, destacando os momentos de transformismo da nossa situação nacional. Tal como fez, de forma pioneira na América Latina, o peruano José Carlos Mariátegui.

> O leitor atento de Caio Prado não terá dificuldades em reconhecer a proximidade de suas análises da questão agrária brasileira com a descrição leniniana da "via prussiana". Para o historiador paulista, a modernização de nossa estrutura agrária não se deu segundo uma "via clássica"; não se pode falar, no caso brasileiro, da supressão radical da grande propriedade pré-capitalista e de sua substituição pela pequena propriedade camponesa.[59]

---

58 Coutinho, Carlos Nelson. *Cultura e sociedade no Brasil: ensaio sobre ideias e formas*. Rio de Janeiro: DP&A, 2000, p. 221.
59 *Ibidem*, p. 225-226.

O mérito, portanto, da maneira como Caio Prado interpreta a gênese e o desenvolvimento da nossa formação social, é de defini-la objetivamente como "capitalista", ainda que por uma via diversa do que tenha ocorrido nos países centrais deste modo de produção. Como assevera um analista:

> Essa centralização econômica da exploração rural [observada por Caio Prado], realizada sob a direção efetiva do proprietário enquanto "empresário da produção", vai-se constituir em fator decisivo e condicionante da forma extremamente desigual da distribuição da propriedade da terra. O acentuado grau de concentração da propriedade fundiária, caráter essencial da estrutura agrária brasileira, corresponderia assim à própria natureza da economia agrária, organizada com base no empreendimento mercantil extensivo.[60]

Caio rompia, assim, com a interpretação dos intelectuais ligados ao PCB, que insistiam em considerar o Brasil como um país feudal ou semicolonial, fazendo-nos pressupor que o principal enfrentamento político seria a efetuação de uma "revolução democrática burguesa", através de uma obra de "libertação nacional". Como se estivéssemos, critica o historiador paulista em *A revolução brasileira*, obra de 1966, eternamente destinados a seguir uma "via clássica" para a efetiva chegada do Brasil ao modo de produção capitalista. Mas, de acordo com Coutinho, apesar de ter enriquecido a interpretação marxista sobre o Brasil, Prado não teve o mesmo sucesso no que tange às proposições sobre os rumos de nosso desenvolvimento, acabando, pelo diagnóstico "equivocado", por proporcionar uma visão menos "realista" e menos "otimista" sobre o futuro do país. Mesmo reconhecendo aspectos novos

---

60 Rêgo, Rubem Murilo Leão. Capitalismo, reforma agrária e cidadania. In: D'Incao, Maria Angela. *História e ideal: ensaios sobre Caio Prado Júnior*. São Paulo: Brasiliense/UNESP, 1989, p. 198.

na história brasileira, terminou por se concentrar nos seus traços mais perversos e anacrônicos, parecendo indicar uma sina de *moderna* condição "colonial". Uma nação que se torna socialmente complexa, mas que politicamente parece acorrentada à hipótese de ter sua economia baseada na produção de matérias-primas e gêneros alimentícios demandados pelo mercado internacional.

Tal perspectiva, que pressupõe, na visão de Coutinho, uma insuficiente formulação da questão democrática na política brasileira, acaba por aproximar Caio Prado dos "teóricos do desenvolvimento do subdesenvolvimento",[61] tal como André Gunder Frank e Rui Marini, cujas visões limitantes sobre a cidadania como "valor burguês" terminaram por alimentar as ideologias de ultraesquerda nos anos 1960 e 1970. Por complemento e contradição, a mesma insuficiência o leva a ecoar, tardiamente, as teorias sobre a existência de um "capitalismo burocrático" no Brasil, muito comum aos intérpretes que salientam a nossa tradição patrimonialista (que se alimenta da corrupção da máquina estatal) como a explicação quase única do nosso atraso civilizatório. Ilação quase idêntica, ainda que com o sinal de apreciação invertido, a que faz Fernando Henrique Cardoso quando situa Caio Prado como grande influenciador das proposições de Raymundo Faoro, em *Os donos do poder*, sobre a constituição do nosso "capitalismo burocraticamente tutelado". E, também, como contributo das reflexões de Celso Furtado sobre a formação econômica brasileira, o que permitiu a este último escapar dos "simplismos" dos enfoques culturalistas, geográficos e mesmos raciais, então em voga. Mas, no caso do ex-presidente, vale ressaltar ainda o seu elogio, em um escrito original de 1978, ao uso nada constrito e dialético que Caio Prado Júnior faz do método histórico-materialista.

---

61 Coutinho, Carlos Nelson (2000). *Op. cit.*, p. 239.

[Ele] usa o método com a singeleza de quem sabe que não basta crer, é preciso aprender. E não se aprende sintetizando a partir do vazio: só a dura busca da rede que articula os fatos e a elaboração de conceitos, mesmos quando toscos, mas que mostrem a história concreta no movimento das coisas, permite as grandes sínteses abertas. Abertas à controvérsia, sempre prontas a serem revistas ante o dado novo; construídas sobre o provisório, pois o permanente só se pode alcançar no dogma, e a ciência, embora não derive da opinião, tampouco se alicerça em certezas metafísicas. Neste sentido também *Formação do Brasil contemporâneo* é um livro clássico. [...] Mostra como a chave para explicar o passado e a bússola para ver o rumo do futuro tem de ser buscadas nas instituições que as classes criaram e que estas se fundam na exploração econômica. Mas não afoga nesta constatação a surpresa da história, nem deriva mecanicamente a cultura e a política da anatomia econômica.[62]

O elogio não é gratuito. Florestan Fernandes, mestre de Cardoso, também faz questão de ressaltar o rigor intelectual de Caio Prado, afirmando que tal postura metodológica foi uma das inspirações da sociologia praticada na USP desde os anos 1950, quando esta se voltou para a busca da documentação sólida, o empirismo equilibrado, a perspectiva de uma história positiva, com base na análise dialética e respeito ao pluralismo político. Mas, como observaremos a seguir, há outras similitudes entre as obras acadêmicas e políticas destes dois amigos com origens tão distintas e opções partidárias nem sempre confluentes.

Florestan: lições de ciência e política

Ao esboçar "a visão do amigo" sobre a pessoa e a obra de Caio Prado, num evento em sua homenagem, Florestan começa por listar as diferenças entre eles. O primeiro de família rica e tradicio-

---
62 Cardoso, Fernando Henrique (2013). *Op. cit.*, p. 147.

nal; ele, de origem subproletária. Caio, um disciplinado militante, ainda que intelectualmente independente do PCB; ele, em sua juventude, ligado ao Partido Socialista Revolucionário (PSR), de tendência trotskista.[63] Caio, formado nas águas de um "humanismo clássico", com trânsito pelas áreas da história, da geografia e da filosofia; ele, condicionado pela cientificidade exigida da sociologia uspiana em seu início. Porém, Florestan registra o orgulho de ter participado de uma geração que recebeu a sua influência intelectual e política, e destaca o principal aprendizado que teve com o amigo: o espírito de ascese profissional e pessoal, que coloca os deveres científicos e políticos acima dos prazeres mundanos e do êxito passageiro. O que, se não explica, corrobora o sentido de renegação de sua classe social de origem.

> A primeira vez que fui à casa de Caio Prado Júnior pensava que iria encontrar ali um ambiente luxuoso, requintado, de ostentação. Nada disso! Encontrei um trato ameno, acolhedor e um almoço bem feito e gostoso, mas sóbrio. [...] Gostei daquela naturalidade, mas minha primeira reação foi de decepção. Em seguida, percebi quão importante era aquilo tudo. Uma vida simples, moderada, espartana ornava o caráter de quem não precisava de exterioridades para se valorizar e se impor. [...] Ser forte e não ceder nas pequenas coisas não era uma virtude – era uma obrigação mínima! Só a firmeza, a esperança e o amor justificavam as promessas do comunismo, um ideal político e abstrato, em um mundo tão incerto.[64]

---

63 Enquanto membro do PSR, Florestan foi responsável pela nossa primeira tradução, em 1946, da *Contribuição à crítica da economia política*, publicação, original de 1859, de Karl Marx. Esta tradução foi recentemente republicada, cf. Marx, Karl. *Contribuição à crítica da economia política*. 2ª. ed. São Paulo: Expressão Popular, 2008. [Tradução e Introdução de Florestan Fernandes].
64 A visão do amigo. In: D'Incao, Maria Angela. *História e ideal: ensaios sobre Caio Prado Júnior*. São Paulo: Brasiliense/UNESP, 1989, p. 39.

Há episódios na vida de Florestan que mostram que a lição foi bem aprendida.[65] Mas o que nos interessa ressaltar é a hipótese de que este ascetismo, que se reforça com o exemplo de Caio, estava já desenhado pelo compromisso paulatino com alguns princípios de atuação ética e valores morais que o futuro sociólogo foi assumindo durante sua dura formação pessoal e profissional. Formação essa que traz as marcas da superação de uma condição de quase indigência para a de um reconhecido homem público, de sucesso em diversas frentes. É desse aprendizado contínuo, como criança e jovem pobre, descendente de uma empregada doméstica e mãe solteira que lutava para sobreviver na São Paulo dos anos 1920, que Florestan vai retirar alguns importantes ensinamentos que marcarão sua trajetória ascendente e seu "destino ímpar", como conceituou Sylvia Garcia.[66] Segundo esta autora, desde sua condição inicial de formação nas Ciências Sociais, embebidas pelas densas e intensas recordações de sua socialização primária, começa-se a se estabelecer duas diretrizes básicas de sua futura postura científica e política: fundar a interpretação na análise do material empírico; e direcioná-la para um sentido geral relativo à socialização dos indivíduos, de acordo com os costumes e valores de uma devida sociedade inserida em uma determinada tradição cultural.

Tal afirmação comprova-se com a escolha dos primeiros objetos de sua sociologia, que começa com um olhar arguto sobre o folclore paulistano,[67] buscando descortinar os dramas de formação de meninos e meninas das classes populares submetidas a um processo intenso de modernização naquela que estava se transformando na maior metrópole brasileira. Passa, a seguir, a se

---

65   *Cf.* Oliveira, Marcos Marques. *Florestan*. Brasília/Recife: INEP-MEC/Editora Massangana-Fundação Joaquim Nabuco, 2010.
66   *Cf.* Garcia, Sylvia. *Destino Ímpar: sobre a formação de Florestan Fernandes*. São Paulo: USP, Curso de Pós-Graduação em Sociologia/Editora 34, 2002.
67   *Cf.* Fernandes, Florestan. *O folclore em questão*. 2ª ed. São Paulo: Martins Fontes, 2003.

preocupar em reconstituir a história dos habitantes originais desse país, os Tupinambá,[68] que foram dizimados no contato forçado com os invasores europeus, marcando o fim de uma civilização e de um território já ocupado. A produção sociológica de Florestan também não deixou de fora os testemunhos de um contingente populacional, os negros africanos, que foi retirado de seus lugares de origem para serem escravizados num distante território, submetidos a condições indignas de vida e reprodução social. E que quando "libertos", terminaram inseridos num modo de produção material e simbólico para o qual não tiveram a mínima preparação, sofrendo por anos um tipo de discriminação que, se não teve uma política oficial ostensiva (se comparamos com outras paragens), ficou subsumida nas insidiosas *relações cordiais* que caracterizam a sociabilidade brasileira, especialmente no que tange à reprodução e à ampliação de suas desigualdades.[69] E, por fim, fez parte de suas preocupações sociológicas a compreensão da configuração de uma nação periférica do capitalismo internacional, ousando desnudar os motivos que emperram o encontro da maior parte de sua população com os benefícios da "ordem social competitiva" vigente, apontando as oportunidades perdidas que tivemos para aprofundar os ganhos que poderiam advir com um pouco mais de democratização no acesso aos direitos humanos mais básicos.[70]

Tais escolhas conformaram uma pioneira "sociologia crítica" em terras brasileiras, que expressava, nas palavras de José de Souza Martins, "um compromisso radical com as lutas pela transformação da [nossa] sociedade" numa nação mais justa e desenvolvida. É por isso, explica Martins, que Florestan foca suas atenções aos

---

68   Cf. Fernandes, Florestan. *A organização social dos Tupinambá*. 2ª ed. São Paulo: Difel, 1963.
69   Cf. Fernandes, Florestan. *A integração do negro na sociedade de classes*. 2 vols. São Paulo: Dominus/Edusp, 1965.
70   Cf. Fernandes, Florestan. *A revolução burguesa no Brasil: ensaio de interpretação sociológica*. Rio de Janeiro: Zahar Editores, 1975

"desencontros" a que estão submetidos a maior parte seres humanos.[71] Um tipo de investigação que está presente na reflexão de Émile Durkheim sobre o problema da anomia social nas sociedades complexas. Nas ilações de Max Weber em torno da questão da irracionalidade do capitalismo burocrático moderno. E, ainda, nos esforços de Karl Marx para compreender e dar cabo dos mecanismos de alienação que subsistem em uma sociedade marcada por uma profunda exploração de classe.[72] Uma sociologia verdadeiramente crítica porque se volta a uma práxis sociológica que é rigorosa em seus procedimentos, objetiva em seu exercício e participante pelo seu vasto potencial explicativo. Um real "arsenal da práxis política", segundo Antonio Candido,[73] porque faz o conhecimento deslizar, sem muito esforço, para a crítica fulcral da sociedade. E, por consequência, desta para uma potencial teoria da sua transformação. É o que se pode exemplificar com os seus estudos sobre a lógica da dominação burguesa no Brasil, nos quais Florestan se detém nas especificidades dos nossos agentes sociais mais "significativos" (as elites brasileiras), precisando os contornos do seu conservadorismo e buscando, desta forma, identificar as razões da fragilidade da nossa democracia. Tal situação gera o que o sociólogo vai denominar de "dilema social brasileiro", um tipo de apego sociopático ao passado que se esconde numa ostentação aparente ao progresso, mas sob a qual subjaz uma prática política de conservantismo cultural sistemático. Um capitalismo, portanto, "selvagem". Próprio de "uma sociedade civil que repele a civilização para todos, e um Estado que concentra a violência no tope para

---

71 Martins, José de Souza Martins. *Florestan: sociologia e consciência social no Brasil*. São Paulo: EdUSP, 1998, p. 29.
72 Segundo Jacob Gorender (1995), empreendimento similar ao que fará, anos depois, o sociólogo inglês Antony Giddens e, também de certa forma, o francês Pierre Bourdieu.
73 *Cf.* Souza, Antonio Candido de Mello e. *Florestan Fernandes*. São Paulo: Fundação Perseu Abramo, 2001.

aplicá-la de forma ultrarrepressiva e ultraegoísta". Que envolve, portanto, "uma barbárie exasperada específica", como definiu Florestan num texto em homenagem a Carlos Marighella.[74]

Assim como em Caio Prado, percebe-se, há a ideia de que, sim, somos modernos. Mas, novamente, tristemente modernos. Para desgosto de Carlos Nelson, que faz uma crítica ao "último" Florestan muito parecida com as ressalvas feitas à obra de Caio Prado Júnior, como situado no capítulo anterior deste artigo. Segundo Coutinho,[75] a produção teórica e jornalística dos últimos anos de vida do sociólogo paulista equivocou-se ao subestimar o "potencial" positivo do processo de abertura e democratização política iniciado no Brasil no final dos anos 1970. Hipótese com a qual tenho respeitosa e total discordância, como já procurei demonstrar.[76] É certo que vemos em Florestan uma profunda crítica com a forma "transada" de nossa transição política, que nos legou, é verdade, uma avançada Constituição "burguesa". Avanço legal esse resultante, justamente, da mobilização dos setores populares organizados, mas que não pode ser visto como ponto de chegada. E sim como ponto de partida para a sua efetivação na vida concreta das massas. E, quiçá, a configuração de uma ordem social nova que, sem perder de vista os benefícios da "competição", seja substantivamente mais solidária. É importante ressaltar que, para Florestan, não deixou de acontecer no Brasil uma revolução burguesa. Houve, claro, mas não entenderemos o seu modo específico se ficarmos presos a uma perspectiva evolucionista (tanto em conteúdo, quanto em forma), que toma como parâmetro as supostas "vias clássicas", que

---

74 Fernandes, Florestan. *A contestação necessária: retratos intelectuais de inconformistas e revolucionários*. São Paulo: Ática, 1995, p. 152.
75 *Cf.* Coutinho, Carlos Nelson (2000). *Op. cit.*
76 *Cf.* Oliveira, Marcos Marques de. *O articulista Florestan: ciência e política como base de uma pedagogia socialista*. Tese (Doutorado em Educação). Programa de Pós-Graduação em Educação, Faculdade de Educação, Universidade Federal Fluminense. Niterói, 2006.

nada mais são do que históricas: "Ao concretizar-se, a Revolução Burguesa transcende seu modelo histórico – não só porque está superado. Mas, ainda, porque os países capitalistas retardatários possuem certas peculiaridades e se defrontam com um novo tipo de capitalismo no plano mundial. A burguesia nunca é sempre a mesma, através da história".[77] E se a burguesia nunca é a mesma, as armas de luta também podem não ser...

É por isso que Florestan defende que o enfrentamento dos problemas sociais, especialmente num país periférico, deve passar pela luta em prol da democratização das instâncias da sociedade civil e do Estado. Com a consciência de que o grau de desenvolvimento, inclusive capitalista, é o condicionador das possibilidades de uma "revolução social", Florestan nos incita a desenterrar e refinar duas clássicas noções da literatura socialista: a de "revolução dentro da ordem" e a de "revolução contra a ordem".[78] Do seu ponto de vista, resistir à possibilidade de conjugação dessas noções é sinal de falta de confiança num projeto de transformação social. E pior: o referendar da hipótese de que a única "alternativa" é a perpetuação da *barbárie* como slogan da "civilização". Não importa se para "mantê-la" ou "superá-la". Um exemplo de "revolução dentro da ordem" importante para ser usada como mecanismo de democratização da situação existente é, no caso de países como o Brasil, a luta para que a Educação deixe de ser um símbolo social dos privilégios.

> A inexistência da educação popular está na raiz dos males com que nos defrontamos e que nos revelamos impotentes para resolver. Sem perdermos de vista que a reconstrução educacional não é tudo e que ela jamais deve ser encarada como um fim em si mesma, temos de concentrar boa parcela

---
77 Fernandes, Florestan (1975). *Op. cit.*, p. 220.
78 Fernandes, Florestan (1995). *Op. cit.*, p. 41.

de nossas energias na criação de um sistema de ensino capaz de responder positivamente aos requisitos materiais e morais da educação democrática.[79]

Não é por acaso que Florestan dedica sua vida a este combate. Seja como professor, insinuando uma prática docente, ao mesmo tempo, rigorosa e libertária. Seja como militante da ciência, tomando os problemas educacionais como objeto de sua vigorosa sociologia. Seja como publicista das causas do socialismo, em forma e conteúdo, adequando-se qualitativamente a cada momento histórico. Seja como "cientista na política", quando faz das tarefas partidárias uma oportunidade educativa (para si, para os colegas e para as massas). E, finalmente, como tentei comprovar,[80] na sua atuação como articulista da grande imprensa, momento em que suas contribuições na ciência e na política, que remete aos princípios indicados por Sylvia Garcia, se conjugam para dar vazão a uma verdadeira (porque efetiva) "pedagogia socialista".

E para terminar...

Falta apenas constatar que a grande contribuição de Caio Prado Júnior e Florestan Fernandes para o desenvolvimento do marxismo no Brasil pode estar, eis minha hipótese, na capacidade que tiveram de articular o necessário estudo dos clássicos do socialismo com as mais importantes descobertas das teorias científicas de suas respectivas épocas, sem deixar de ter um compromisso militante com as causas e os movimentos sociais mais avançados para a radicalização da democracia no país. E, sempre que a situação exigiu,[81] sem descurar das obrigações partidárias a que livremente

---

79 Fernandes, Florestan. *Educação e sociedade no Brasil*. São Paulo: Dominus/EDUSP, 1966, p. 353.
80 *Cf.* Oliveira, Marcos Marques de (2006). *Op. cit.*
81 No caso de Caio, como membro do PCB. No caso de Florestan, como militante do já citado PSR e, posteriormente, como integrante do Partido dos Trabalhadores (PT).

se submeteram, ainda que preservada uma inteligente e audaz autonomia, tal como Jacob Gorender descreve sobre Caio, mas que se encaixa perfeitamente no caso de Florestan.

A atitude individual de Caio Prado Júnior prefigurou o militante dos novos partidos da classe operária. Devotado à causa do socialismo, porém firme na defesa de suas opiniões, ainda que divergentes de altas direções e, ao mesmo tempo, disciplinado na execução das tarefas resolvidas democraticamente pela maioria do conjunto partidário. Pensador e militante prático, Caio foi homem de seu tempo e homem do futuro. Diferente daqueles que parecem afinados com o presente, mas estão agarrados ao passado, apesar de exibirem roupas e ideias da última moda. Caio Prado Júnior soube encontrar a trilha que liga o presente ao futuro.[82]

Que ousemos todos assim ser. Afinal, como já disse Florestan, referindo-se ao próprio Caio, "não é preciso estar de acordo" em tudo para se configurar um "perfil marxista".[83]

Referências bibliográficas

AMARAL, Roberto Mansilla. Astrojildo Pereira e Octávio Brandão: os precursores do comunismo nacional. *In*: FERREIRA, Jorge; REIS FILHO, Daniel Aarão. *A formação das tradições (1889-1945)*. (As esquerdas no Brasil; v. 1). Rio de Janeiro: Civilização Brasileira, 2007, p. 249-272.

CARDOSO, Fernando Henrique. *Pensadores que inventaram o Brasil*. São Paulo: Companhia das Letras, 2013.

COUTINHO, Carlos Nelson. *Cultura e sociedade no Brasil: ensaio sobre ideias e formas*. Rio de Janeiro: DP&A, 2000.

---

82 Do pecado original ao desastre de 1964. *In*: D'Incao, Maria Angela. *História e ideal: ensaios sobre Caio Prado Júnior*. São Paulo: Brasiliense/UNESP, 1989, p. 269.
83 Fernandes, Florestan (1995). *Op. cit.*, p. 86.

DEL ROIO, Marcos. A gênese do Partido Comunista (1919-1929). *In*: FERREIRA, Jorge; REIS FILHO, Daniel Aarão. *A formação das tradições (1889-1945)*. (As esquerdas no Brasil; v. 1). Rio de Janeiro: Civilização Brasileira, 2007, p. 223-248.

ENGELS, Friedrich. *Anti-During*. 3ª ed. São Paulo: Paz e terra, 1990.

FERNANDES, Florestan. *A organização social dos Tupinambá*. 2ª ed. São Paulo: Difel, 1963.

_____. *A integração do negro na sociedade de classes*. 2 vols. São Paulo: Dominus/Edusp, 1965.

_____. *Educação e sociedade no Brasil*. São Paulo: Dominus/EDUSP, 1966.

_____. *A revolução burguesa no Brasil: ensaio de interpretação sociológica*. Rio de Janeiro: Zahar Editores, 1975.

_____. A visão do amigo. *In*: D'INCAO, Maria Angela. *História e ideal: ensaios sobre Caio Prado Júnior*. São Paulo: Brasiliense/UNESP, 1989.

_____. *A contestação necessária: retratos intelectuais de inconformistas e revolucionários*. São Paulo: Ática, 1995.

_____. *O folclore em questão*. 2ª ed. São Paulo: Martins Fontes, 2003.

GARCIA, Sylvia. *Destino Ímpar: sobre a formação de Florestan Fernandes*. São Paulo: USP, Curso de Pós-Graduação em Sociologia / Editora 34, 2002.

GORENDER, Jacob. *Combate nas trevas. A esquerda brasileira: das ilusões perdidas à luta armada*. São Paulo: Ática, 1987.

_____. Do pecado original ao desastre de 1964. *In*: D'INCAO, Maria Angela. *História e ideal: ensaios sobre Caio Prado Júnior*. São Paulo: Brasiliense/UNESP, 1989, p. 259-269.

_____. Confluências e contrações da construção sociológica. *Revista ADUSP*, São Paulo: Associação dos Docentes da Universidade de São Paulo, nº 4, out. 1995, p. 32-33.

GRAMSCI, Antonio. *Maquiavel: a política e o estado moderno*. Rio de Janeiro: Civilização Brasileira, 1968.

KONDER, Leandro. A façanha de uma estreia. *In*: D'INCAO, Maria Angela. *História e ideal: ensaios sobre Caio Prado Júnior*. São Paulo: Brasiliense/UNESP, 1989, p. 133-142.

_____. *História das ideias socialistas no Brasil*. São Paulo: Expressão Popular, 2003.

MAIDANIK, Kiva. Depois de outubro, e agora? Ou As três mortes da Revolução Russa. *Tempo*, Rio de Janeiro, nº 5, 1998, p. 9-43.

MARTINS, José de Souza. *Florestan: sociologia e consciência social no Brasil*. São Paulo: EdUSP, 1998.

MARX, Karl. *Contribuição à crítica da economia política*. 2ª ed. São Paulo: Expressão Popular, 2008. [Tradução e Introdução de Florestan Fernandes].

MORAES, João Quartim. A influência do leninismo de Stalin no comunismo brasileiro. *In*: REIS, Daniel Aarão; MORAES, João Quartim. *História do marxismo no Brasil (v. 1): o impacto das revoluções*. Rio de Janeiro: Paz e Terra, 1991, p. 47-88.

MORAES FILHO, Evaristo de. A proto-história do marxismo no Brasil. *In*: REIS, Daniel Aarão; MORAES, João Quartim. *História do marxismo no Brasil (v. 1): o impacto das revoluções*. Rio de Janeiro: Paz e Terra, 1991, p. 15-46.

OLIVEIRA, Marcos Marques de. *O articulista Florestan: ciência e política como base de uma pedagogia socialista*. Tese (Doutorado em Educação). Programa de Pós-Graduação em Educação, Faculdade de Educação, Universidade Federal Fluminense. Niterói, 2006.

_____. *Florestan*. Brasília/Recife: INEP-MEC/Editora Massangana-Fundação Joaquim Nabuco, 2010.

RÊGO, Rubem Murilo Leão. Capitalismo, reforma agrária e cidadania. *In*: D'INCAO, Maria Angela. *História e ideal: ensaios sobre Caio Prado Júnior*. São Paulo: Brasiliense/UNESP, 1989, p. 197-208.

REIS FILHO, Daniel Aarão. O maoismo e a trajetória dos marxistas brasileiros. *In*: REIS FILHO, Daniel Aarão; MORAES, João Quartim. *História do marxismo no Brasil (v. 1): o impacto das revoluções*. Rio de Janeiro: Paz e Terra, 1991, p. 105-132.

SADER, Emir. Cuba no Brasil: influências da Revolução Cubana na esquerda brasileira. *In*: REIS, Daniel Aarão; MORAES, João Quartim. *História do marxismo no Brasil (v. 1): o impacto das revoluções*. Rio de Janeiro: Paz e Terra, 1991, p. 157-184.

SCHWARCZ, Lilia; BOTELHO, André. "Pensamento social brasileiro, um campo vasto ganhando forma". *In*: *Lua Nova*. São Paulo, 82, 2011, p. 11-16.

SOUZA, Antonio Candido de Mello e. *Florestan Fernandes*. São Paulo: Fundação Perseu Abramo, 2001.

TOLEDO, Edilene. A trajetória anarquista no Brasil na Primeira República. *In*: FERREIRA, Jorge; REIS FILHO, Daniel Aarão. *A formação das tradições (1889-1945)*. (As esquerdas no Brasil; v. 1). Rio de Janeiro: Civilização Brasileira, 2007, p. 53-87.

VIANNA, Marly de Almeida Gomes. O PCB: 1929-43. *In*: FERREIRA, Jorge; REIS FILHO, Daniel Aarão. *A formação das tradições (1889-1945)*. (As esquerdas no Brasil; v. 1). Rio de Janeiro: Civilização Brasileira, 2007, p. 331-364.

A crítica antropofágica de Oswald de Andrade: em defesa da vida e da alegria de viver

MARTHA D'ANGELO[84]

Eruditamos tudo.
Esquecemos o gavião de penacho.
[Oswald de Andrade]

O conjunto multifacetado e pouco classificável da obra de Oswald de Andrade não explica o silêncio em torno dela nos nossos cursos de filosofia. Ironicamente, esse "esquecimento" revela traços de nossa cultura que foram duramente criticados no Manifesto da Poesia Pau-Brasil e no Manifesto Antropofágico. Meu objetivo neste artigo é destacar a contribuição de Oswald como intelectual, seu modo de pensar o Brasil, a história da cultura e o conhecimento através de uma breve análise dos dois Manifestos citados. Comentarei sua interlocução com a tradição filosófica e com os intelectuais de sua época.

---

84 Doutora em Filosofia pela Universidade Federal do Rio de Janeiro e professora de Filosofia da Faculdade de Educação da UFF. Publicou *Arte, política e educação em Walter Benjamin* (Loyola, 2006) e *Educação estética e crítica de arte em Mário Pedrosa* (NAU Editora, 2011). Organizou as coletâneas *Filosofia da História* (EdUFF, 2014), com o professor Giovanni Semeraro, e *Interlocuções: estética, produção e crítica de arte* (Apicuri, 2012), com o professor Luciano Vinhosa.

O foco nos Manifestos pretende recuperar um gênero e uma forma de linguagem que veio a se tornar a marca das vanguardas do século XIX e início do século XX. No sentido etimológico, *manifestus* significa "óbvio", "evidente", mas há um outro sentido para esta palavra quando ela está associada a "vanguarda". O termo vanguarda, como se sabe, tem origem militar e designa um pequeno destacamento do exército que assume a dianteira no combate preparando o terreno para o avanço da tropa. Como metáfora utilizada no campo artístico e político, vanguarda refere-se aos intelectuais e artistas que rompem com os padrões culturais e as ideias dominantes na sociedade afirmando um projeto que propõe transformações radicais na vida e na arte. Através de manifestos as vanguardas expunham projetos e ideias para o conjunto da sociedade. De 1690 (ano em que aparece uma das primeiras definições em dicionário da palavra manifesto)[85] ao século XIX, a palavra vai se transformando até se firmar com um sentido claramente político, em 1848, quando foi publicado o Manifesto mais conhecido e que exerceu mais influência até hoje, o *Manifesto Comunista*, escrito por Marx e Engels.

No Manifesto da Poesia Pau-Brasil e no Manifesto Antropofágico há uma fusão, bastante peculiar, entre o literário e o político que distingue esses dois textos dos cerca de duzentos manifestos produzidos pelos futuristas, dos sessenta produzidos pela vanguarda russa, dos trinta do dadaísmo, e de outros escritos pelas correntes surrealista, De Stijl, e Bauhaus, entre outras. O vigor dos Manifestos e do conjunto da obra de Oswald de Andrade (1890-1954) é indissociável da maneira intensa e apaixonada como ele viveu os grandes acontecimentos da primeira metade do século XX. Com apenas 19 anos iniciou-se no jornalismo, escrevendo

---

85 Joachim Schultz foi o autor desta definição, segundo Jarillot Rodal (2010, p. 136).

para o jornal *Diário Popular*. Numa época em que poucas pessoas no Brasil faziam viagens internacionais, Oswald mantinha um trânsito regular entre São Paulo e algumas capitais europeias, em especial Paris. No Rio de Janeiro e em São Paulo seu círculo de relações pessoais reunia políticos importantes e de diferentes correntes ideológicas, como Washington Luis e Luis Carlos Prestes, intelectuais como Mário de Andrade, Guilherme de Almeida, Raul Bopp, Antonio Candido, artistas como Di Cavalcanti, Lasar Segall, Anita Malfatti, Tarsila do Amaral (com quem se casou) e Patrícia Galvão (Pagu, com quem teve um filho). Oswald também manteve contato com personalidades de projeção internacional, como Isadora Duncan, Le Corbusier, Josephine Baker, Benjamin Péret, Roger Bastide, Claude Lévi-Strauss e Albert Camus, entre outros.

Apesar do valioso acervo de obras de arte adquirido no decorrer da vida, da herança que recebeu dos pais, e de conhecer muitas pessoas influentes, Oswald teve um final de vida rodeado de poucos amigos e com muitas dificuldades financeiras. Num artigo relatando lembranças de sua infância, Antonieta Marília de Oswald de Andrade revela os problemas enfrentados pela família com o agravamento do estado de saúde de seu pai e depois de sua morte. Lembrando o período em que morou na Rua Ricardo Batista, em São Paulo, Antonieta revela:

> As paredes do apartamento eram cobertas de telas pintadas pelos maiores artistas deste século: Miró, De Chirico, Picabia, Tarsila, Di Cavalcanti. Oswald acumulara, através da vida, um excelente acervo de obras de arte. Algumas telas foram vendidas enquanto ainda estava vivo, para custear os gastos com sua doença, mas a grande parte do que restou (inclusive algumas gravuras de Picasso), foi vendida posteriormente por Maria Antonieta [sua mãe], a um "marchand"

francês oportunista que costumava visitá-la: vinha da Europa de tempos em tempos, para insistir na transação. Aproveitou-se de sua ingenuidade para desvalorizar as obras, atribuindo-lhes ao final um valor muito abaixo do mercado. Restou apenas o retrato de Oswald, pintado por Tarsila em 1923 (quando ainda estavam casados), que permaneceu como uma relíquia.[86]

Uma revolução copernicana no país da cobra grande

O acontecimento cultural e artístico mais importante que antecedeu a elaboração do Manifesto da Poesia Pau-Brasil (1924) e o Manifesto Antropofágico (1928) foi a Semana de Arte Moderna de 1922, promovida por um grupo de artistas e intelectuais, na qual o papel de Oswald foi dos mais importantes. Após a realização da Semana, começa a se radicalizar a crítica de Oswald e sua tribo ao servilismo da elite cultural brasileira e também à descaracterização e falta de coragem do modernismo, que por ter se limitado ao estético não conseguiu dar uma resposta para os problemas do Brasil, nem criar um pensamento autêntico.

A identidade intelectual e política de Oswald se afirmou publicamente de maneira mais nítida depois de 1922, com o lançamento do Manifesto da Poesia Pau-Brasil. Retomando a análise e a avaliação de Haroldo de Campos, podemos dizer que a Poesia Pau-Brasil representou uma guinada de 180 graus, uma verdadeira revolução copernicana na linguagem e na cultura brasileira. Enquanto alguns modernistas caminharam depois da *Semana* para uma posição política de direita, como Plínio Salgado e Menotti Del Picchia, Oswald seguiu radicalizando e politizando sua crítica ao colonialismo cultural, resistindo ao movimento de volta à ordem conduzido por modernistas politicamente conservadores ou com perfil mais liberal. O fato de o Manifesto da Poesia Pau-Brasil

---
86 Andrade, Oswald de. *A utopia antropofágica*. 4ª ed. São Paulo: Globo, 2011, p. 39.

ter surgido no mesmo ano do Manifesto Surrealista não é uma simples coincidência: havia uma sintonia de Oswald, Tarsila e dos surrealistas com a história do seu tempo, que os aproximava. Com a redescoberta e valorização dos fatos simples do cotidiano, a partir da pintura de Tarsila, tem início uma renovação cultural cujo alcance encontra paralelo na valorização surrealista das imagens do sonho feita por André Breton. As primeiras frases do Manifesto da Poesia Pau-Brasil inauguram com sua "poética substantiva"[87] uma nova maneira de pensar o Brasil: "A poesia existe nos fatos. Os casebres de açafrão e de ocre nos verdes da Favela, sob o azul cabralino, são fatos estéticos".[88]

A aproximação entre o movimento surrealista e a antropofagia foi apontada por Valentim Facioli, que enxergou na proposta social, cultural e artística da antropofagia a presença das "forças inconscientes reveladas por Freud e as energias das culturas primitivas e populares".[89] A ligação do poeta surrealista Benjamin Péret com a Antropofagia também demonstra a afinidade entre os dois movimentos. Desde sua chegada ao Brasil, em 5 de fevereiro de 1929, Péret foi saudado com entusiasmo, exatamente "por pertencer a um movimento pré-antropofágico", de acordo com a nota divulgada no primeiro número da segunda dentição da *Revista de Antropofagia*. A aproximação entre os dois movimentos é admitida publicamente: "Depois do surrealismo só a antropofagia. Benjamin Péret, pela sua atitude pessoal – vide na 'Revolution Surrealiste' os seus poemas epitáfios etc., os instantâneos de sua combatividade – é um antropófago que merece cauins de cacique".[90]

---
87 Expressão usada por Haroldo de Campos no ensaio "Uma poética da radicalidade". *In*: Andrade, Oswald de. *Pau-Brasil*. 2ª ed. São Paulo: Globo, 2003 (Obras Completas), p. 27.
88 *Ibidem*, p. 59.
89 Facioli, Valentin. Modernismo, Vanguardas e Surrealismo no Brasil. *In*: Ponge, Robert (Org.). *Surrealismo e Novo Mundo*. Porto Alegre: Editora da Universidade, 1999, p. 304.
90 Revista de Antropofagia, 17/03/1929. Reedição fac-similar da Editora Abril, São Paulo, 1975.

A linguagem e as questões introduzidas pelo Manifesto Pau-Brasil são uma espécie de entrada ao prato principal servido pelos antropófagos no Manifesto de 1928. Benedito Nunes chamou a atenção no ensaio "Antropofagia ao alcance de todos" para os aspectos que Oswald ridiculariza e combate na pretensa alta cultura brasileira:

> O bacharelismo, o gabinetismo e o academismo, as frases feitas da sabedoria nacional, a mania das citações, tudo isso serviria de matéria à Poesia Pau-Brasil, que decompõe, humoristicamente, o arcabouço intelectual da sociedade brasileira, para retomar, através dele ou contra ele, no amálgama primitivo por esse arcabouço recalcado, a originalidade nativa, e para fazer desta o ingrediente de uma arte nacional exportável.[91]

Uma nova visão do Brasil começa a se projetar no momento em que Oswald recebe de presente de aniversário de Tarsila, em 11 de janeiro de 1928, uma pintura nomeada com a instigante palavra *Abaporu*, que em tupi-guarani significa "homem que come". Ao receber o presente, impactado com a força imagética da figura central do quadro, Oswald telefonou logo para Raul Bopp e propôs ao amigo a criação de um movimento político-artístico-cultural fundado naquela imagem.

Nos cipós maliciosos da sabedoria oswaldiana, expostos nos dois Manifestos, há uma densa reflexão articulando história, cultura e teoria do conhecimento. Na afirmação que escolhi como epígrafe – "Eruditamos tudo. Esquecemos o gavião de penacho" – a ironia em relação ao "esquecimento" dos intelectuais brasileiros de nossas coisas e de nossas particularidades é uma crítica bem-humorada das imposturas que se apresentam como conhecimento,

---

91   Nunes, Benedito. Antropofagia ao alcance de todos. *In*: Andrade, Oswald de. *A utopia antropofágica*. São Paulo: Globo, 2011, p. 16.

o "lado doutor e o lado citações" da intelectualidade brasileira das décadas de 1920 e 1930.

Para se ter uma ideia da profundidade do esquecimento a que Oswald se refere, e do seu significado, destaco dois comentários de Claude Lévi-Strauss, narrados em *Tristes Trópicos*, sobre as elites e o ambiente acadêmico brasileiro nas décadas de 1920 e 1930. Comentando a conversa que teve antes de vir para o nosso país, em 1934, com o embaixador brasileiro em Paris, durante um almoço, Lévi-Strauss reproduz a resposta que ouviu dele após ter sido perguntado sobre as possibilidades de acesso às nossas populações indígenas: "Na qualidade de sociólogo vai descobrir coisas apaixonantes no Brasil, mas quanto aos Índios, nem pense nisso, não encontrará um único..."

Em seguida lemos o seguinte comentário de Lévi-Strauss[92] sobre esta declaração:

> Ao evocar hoje [1954] estas palavras, parecem-me incríveis, mesmo saindo da boca dum granfino de 1934 e lembrando-me até que ponto a elite brasileira de então tinha horror (felizmente modificou-se depois) à mais pequena alusão aos indígenas e às condições de vida primitivas do interior, a não ser para admitir – ou mesmo sugerir – que uma bisavó índia estava na origem duma fisionomia imperceptivelmente exótica, e não essas poucas gotas, ou litros, de sangue negro que já nessa altura era de bom tom (ao contrário dos antepassados da época imperial) tentar fazer esquecer.

As lembranças de Lévi-Strauss sobre as elites brasileiras mostram o alcance da crítica da cultura de Oswald de Andrade expressa nos Manifestos, e a distância *intelectual* que o separava dessas elites. A dificuldade de Oswald em relação ao meio acadêmico também

---
92   Lévi-Strauss, Claude. *Tristes Trópicos*. Lisboa: Edições 70, 1981, p. 43.

pode ser avaliada depois que lemos as observações de Lévi-Strauss sobre sua experiência docente na Universidade de São Paulo.

> Quanto aos nossos estudantes, queriam saber de tudo; qualquer que fosse o campo do saber, só a teoria mais recente merecia ser considerada. Fartos dos festins intelectuais do passado, que de resto só conheciam de ouvido, pois nunca liam as obras originais, mostravam um entusiasmo permanente pelos novos pratos. Seria preciso, no que lhes diz respeito, falar de moda e não de cultura: ideias e doutrinas não apresentavam aos seus olhos um valor intrínseco, eram apenas considerados por eles como instrumentos de prestígio cuja primazia tinham de obter. O fato de partilhar uma teoria já conhecida por outros era o mesmo que usar um vestido pela segunda vez; corria-se o risco de um vexame. Por outro lado, verificava-se uma concorrência encarniçada, com grande reforço de revistas de divulgação, periódicos sensacionalistas e manuais com o fito da obtenção do exclusivo do modelo mais recente no campo das ideias.[93]

Oswald critica o meio acadêmico de sua época em suas memórias de forma muito mais dura que Lévi-Strauss. Da Faculdade de Direito do Largo de São Francisco ficou nele uma lembrança muito viva dos "professores idiotas, seus alunos cretinos e sua tradição de miserável atraso colonial",[94] a combinação desses elementos provocava nele o mais "arraigado e sábio dos desprezos".[95] Mas a crítica oswaldiana não é dirigida apenas à cultura produzida pela elite nativa, a dos europeus também não foi poupada. A alusão aos "homens que sabiam tudo e se deformaram como borrachas sopradas", no texto de 1924, é uma referência crítica à pretensão enciclopédica dos europeus. Nosso estado de inocência – barbárie

---
93 Lévi-Strauss, Claude. *Tristes Trópicos*. Lisboa: Edições 70, 1981, p. 97..
94 Andrade, Oswald de. *Um homem sem profissão (Obras Completas). Sob as ordens de mamãe*. Rio de Janeiro: Civilização Brasileira, 1976, p. 44.
95 *Ibidem*, p. 66.

purificadora – seria o contrapeso para inutilizar todas as "indigestões de sabedoria" que as elites estrangeiras nos provocaram. Neste tema específico é clara a afinidade entre Oswald e Breton, que no Manifesto Surrealista de 1924 também contrapõe um estado de inocência à cultura racionalista empobrecedora, produzida na Europa moderna, que a pretexto de civilização e de progresso, "conseguiu banir do espírito tudo o que se pode tachar, com ou sem razão, de superstição e quimera" (Breton, 1985; 40). A "intratável mania de reduzir o desconhecido ao conhecido, ao classificável", domina e empobrece os cérebros. O uso de um vocabulário abstrato com força persuasiva ilude os espíritos através de sua afetação, pervertendo as ideias e minando o vigor do pensamento.

O Manifesto Antropofágico, lançado no primeiro número da *Revista de Antropofagia*, em maio de 1928, apresentava numa linguagem poética e bem-humorada uma crítica da cultura e uma teoria do conhecimento baseadas no "homem simples", no "homem natural", no "homem nu". A Antropofagia, enquanto metáfora e modo de se relacionar com a cultura europeia, pretendia descolonizar o pensamento, desconstruir o eurocentrismo, questionar as teorias evolutivas e lineares da história, e chegar a uma forma de conhecimento centrada numa alteridade radical: a devoração do outro. A Antropofagia se apresenta como uma tentativa de livrar o homem do mal-estar da civilização. A volta ao primitivo, à nudez, é necessária para que de fato aconteça a negação dos males catequistas identificados por Freud.

A experiência caraíba renovada. *A reação contra o homem vestido*

De 1924 a 1928 há uma transposição do plano visual – da tentativa de "ver com olhos livres" – para o plano visceral da devoração recuperada do instinto caraíba. A devoração oswaldiana abrange fontes de épocas e natureza muito diferentes, como Montaigne (que difundiu uma imagem positiva dos tupis), os dadaístas e surrealistas, e também os revolucionários russos de 1917. A dialética de Oswald identifica três momentos distintos na história: o primeiro é matriarcal, nele predomina a cultura do homem primitivo; o segundo é patriarcal, dominado pelas sociedades de classes do homem civilizado; e o terceiro fará emergir um homem novo, o homem natural tecnizado. A utopia construída por Oswald, projetando este terceiro momento, resultou de uma leitura renovada de Marx e Engels, do socialismo utópico de Proudhon e do vitalismo de Keyserling.[96]

A depressão econômica gerada com a quebra da Bolsa em 1929, e a crise do café no Brasil, provocaram uma esquerdização e um envolvimento maior de Oswald com a política, levando-o a ingressar no Partido Comunista Brasileiro, onde permaneceu até 1945. Terminada esta fase militante, numa entrevista concedida em 1947, Oswald declarou que havia recuperado a liberdade intelectual confiscada pelo doutrinarismo da cultura partidária, e fortalecido as posições do Manifesto Antropofágico, renegado por ele no prefácio do romance *Serafim Ponte Grande*, em 1933.

Os relatos de Jean de Léry sobre a rebeldia e altivez dos indígenas brasileiros foram decisivos para a construção de uma imagem positiva do homem primitivo em Montaigne, que depois foi retomada por Rousseau. Essa matriz de pensamento marcou a concepção oswaldiana de vida primitiva, sobretudo a leitura do capítulo XXXI dos *Essais* de Montaigne, conforme observou Benedito

---

96 Hermann Keyserling (1880-1946), pensador lituano formado intelectualmente nas Universidades de Genebra, Heidelberg, Viena e Berlim. Suas ideias se opõem ao mecanicismo e intelectualismo em nome do "primado da vida". O elemento central desta filosofia é o conceito de "sentido", construído a partir da influência de Bergson e de sua crítica ao racionalismo, e do contato travado por Keyserling com diferentes culturas nas viagens que fez dentro da Europa, e também à América do Norte, América do Sul e Oriente. Nas décadas de 1930 e 1940 Keyserling teve muita projeção e a sua noção de "sentido" ganhou uma certa repercussão, em parte, talvez, por compreender o mundo como permanentemente aberto aos processos criadores numa época de profundas mudanças tecnológicas, históricas e sociais.

Nunes. A sociedade matriarcal era valorizada na antropofagia oswaldiana porque nela não existia a propriedade privada nem a monogamia; além disso, havia o gosto do ócio, que, sendo mais forte do que o desejo de acumulação de bens, impedia a criação de um excedente de produção capaz de gerar disputa e desigualdade social. Relacionando o modo de vida dos tupis e a mítica e matriarcal Idade de Ouro, Oswald construiu uma crítica à "realidade social vestida e opressora". A contraposição direta a esta realidade foi encontrada na sociedade caraíba, "sem complexos, sem loucura, sem prostituições e sem penitenciárias." O matriarcado de Pindorama representa na utopia oswaldiana o que a Grécia arcaica representa na genealogia nietzschiana, um paradigma, um ponto a partir do qual nosso modo de viver, nossas práticas sociais, valores e nossa relação com o conhecimento são postos em questão.

A antropofagia toma como referência uma imagem idealizada do passado e das sociedades matriarcais para criticar a cultura ocidental moderna. A volta ao passado neste caso é um recurso utilizado para revelar a barbárie de nossa civilização. A particularidade da "revolução caraíba" e sua diferença em relação a outros movimentos revolucionários, é justificada por Oswald através de contrastes irônicos que subvertem a ideia do primitivo como inferior, cristalizada na ideologia do progresso:

> Tínhamos a justiça codificação da vingança. A ciência codificação da magia. A Antropofagia. A transformação do Tabu em totem. (...)
> Já tínhamos o comunismo. Já tínhamos a língua surrealista.
> A idade de ouro.
> Catiti Catiti
> Imara Notiá
> Notiá Imara
> Ipeju

A magia e a vida. Tínhamos a relação e a distribuição dos bens físicos, dos bens morais, dos bens dignários. E sabíamos transpor o mistério e a morte com o auxílio de algumas formas gramaticais. (...)
Não tivemos especulação. Mas tínhamos adivinhação. Tínhamos Política que é a ciência da distribuição. E um sistema social planetário.[97]

Ao mesmo tempo que rompe com o tempo histórico linear em suas comparações, Oswald também identifica e se contrapõe aos valores contrários à vida "natural" própria ao "homem nu". Através de imagens poderosas, numa linguagem despojada e direta, o discurso antropofágico vai indicando o que deve ser abolido em nossa cultura:

> Contra todas as catequeses. E contra a mãe dos Gracos. (...)
> Contra todos os importadores de consciência enlatada. A existência palpável da vida. E a mentalidade pré-lógica para o Sr. Levy Bruhl estudar. (...)
> Contra o mundo reversível e as ideias objetivadas. Cadaverizadas. (...)
> Contra as sublimações antagônicas. Trazidas nas caravelas.
> Contra a memória fonte do costume. A experiência pessoal renovada.[98]

É em defesa da vida e da alegria de viver – "a alegria é a prova dos nove" – que Oswald volta ao primitivo, ao matriarcado, às sociedades sem classe. Pierre Clastres, em *A sociedade contra o Estado*, aproxima-se da Antropofagia ao definir as sociedades primitivas positivamente, valorizando a ausência do Estado. Esta positividade pressupõe o reconhecimento de que não há um sentido único na história ao qual toda sociedade está condenada a seguir

---
97 Andrade, Oswald de (2011). *Op. cit.*, p. 69, 70, 72.
98 *Ibidem*, p. 67-73.

para passar da barbárie à civilização. A crítica a este evolucionismo é bem nítida no trecho a seguir:

> Inacabamento, incompletude, falta: não é absolutamente desse lado que se revela a natureza das sociedades primitivas. Ela impõe-se bem mais como positividade, como domínio do meio ambiente natural e do projeto social, como vontade livre de não deixar escapar para fora de seu ser nada que possa alterá-lo, corrompê-lo e dissolvê-lo. É a isso que nos devemos prender com firmeza: as sociedades primitivas não são embriões retardatários das sociedades ulteriores, dos corpos sociais de decolagem "normal" interrompida por alguma estranha doença; elas não se encontram no ponto de partida de uma lógica histórica que conduz diretamente ao termo inscrito de antemão, mas conhecido apenas a *posteriori*, o nosso próprio sistema social. (...) O aparecimento do Estado realizou a grande divisão tipológica entre selvagens e civilizados, e traçou uma indelével linha de separação além da qual tudo mudou, pois o Tempo se torna História. (...) A história dos povos que têm uma história é, diz-se, a história da luta de classes. A história dos povos sem história é, dir-se-á com ao menos tanta verdade, a história da sua luta contra o Estado (Clastres, 2003, p. 216 e 234).

Como observou Benedito Nunes (2011, p. 54), a originalidade do pensamento de Oswald está diretamente relacionada à sua rebeldia contra o Estado opressor, daí suas críticas ao Estado Soviético. O fortalecimento do caráter utópico do marxismo foi a saída encontrada por ele para uma conciliação, no plano teórico, dos princípios igualitários do socialismo com uma dimensão libertária na esfera da vida pessoal. Nas lembranças relatadas em *Um homem sem profissão* esta dimensão aparece num comentário sobre a passagem do autor pela Escola Modelo Caetano de Campos, especialmente no belo trecho que reproduzimos a seguir:

...alguma coisa ficou de imenso em minha alma de criança, daquele edifício, limpo, branco e higienizado. Foi o canto dos alunos que me embriagava. As vozes claras cantavam confusamente a palavra Liberdade. E diziam:
'Das lutas, na tempestade,
Abre as asas sobre nós'.

Esse clarão presidiu até hoje a toda a minha vida. Como poucos, eu conheci as lutas e as tempestades. Como poucos, eu amei a palavra Liberdade e por ela briguei.[99]

Poesia Pau-Brasil como imagem dialética

A questão oswaldiana da relação entre o saber nacional, local, e o saber internacional se faz presente no contexto atual de globalização e sua naturalização das diferenças visando a manutenção dos processos de colonização cultural. A desconstrução dessa estrutura de dominação se dá através da defesa da cultura local popular na Poesia Pau-Brasil. No ensaio "Dialética da Devoração e Devoração da Dialética", Eduardo Sterzi (2011, p. 440) observa que a expressão poético-filosófica oswaldiana seria a encarnação do conceito benjaminiano de *imagem dialética*. Isto significa precisamente o reconhecimento de um entrecruzamento temporal passado-presente, tal como encontramos na filosofia da história de Benjamin, na complexa estrutura do Poema Pau-Brasil.

Analisando o procedimento básico da sintaxe desta poética, Haroldo de Campos identifica na "técnica de montagem" seu recurso fundamental. O vínculo entre o literário e o filosófico nesta técnica é semelhante ao que Benjamin estabelece entre esses dois domínios em *Rua de Mão Única*,[100] livro que representou uma

---
99 Andrade, Oswald de (1976). *Op. cit.*, p. 18.
100 Benjamin, Walter. *Rua de Mão Única*/Walter Benjamin. Tradução de Rubens Rodrigues Torres Filho e José Martins Barbosa. São Paulo: Brasiliense, 1995. Esse livro foi escrito na mesma época do "Manifesto da Poesia Pau-Brasil" (1924/1925).

verdadeira reviravolta na linguagem filosófica. Penetrando na lógica das montagens oswaldianas, Haroldo de Campos aponta como se estrutura a linguagem poética Pau-Brasil:

> Pense-se em poemas como "Nova Iguaçu" e "biblioteca nacional", meras enumerações de lojas do interior ou de títulos de livros numa estante caseira a engendrar, por sobreposição, penetrantes ideogramas lírico-satíricos das realidades alienadas em que ela se manifesta.[101]

Nova Iguaçu
Confeitaria Três Nações
Importação e Exportação
Açougue Ideal
Leiteria Moderna Café do Papagaio
Armarinho União
No país sem pecados

Biblioteca nacional
A Criança Abandonada
O Doutor Coppelius
Vamos com Ele
Senhorita Primavera
Código Civil Brasileiro
A arte de ganhar no bicho
O Orador Popular
O Pólo em Chamas[102]

A opção pelas "formas modestas, em brochuras, artigos de jornal e cartazes" que Benjamin valorizava e que Oswald sempre utilizava, era considerada pelo primeiro uma demonstração de força e de uma fértil e significativa atividade literária. Além

---

101 Campos, Haroldo de. Uma poética da radicalidade (Obras completas de Oswald de Andrade). *In*: Andrade, Oswald de. *Pau-Brasil*. São Paulo: Globo, 2003, p. 36.
102 Andrade, Oswald de. *Pau-Brasil*. São Paulo: Globo, 2003, p. 147 e p. 167.

dessas afinidades, percebe-se nos escritos de Oswald e de Benjamin a presença da cultura urbana, da linguagem popular e da linguagem das ruas. O trecho de *Rua de Mão Única*, que citamos a seguir, faz algumas considerações interessantes sobre os condicionamentos históricos da escrita a partir da percepção de Mallarmé sobre o impacto das tensões gráficas da publicidade na configuração da escrita:

> A escrita, que no livro impresso havia encontrado um asilo onde levava sua existência autônoma, é inexoravelmente arrastada para as ruas pelos reclames e submetida às brutais heteronomias do caos econômico. Essa é a rigorosa escola de sua forma. Se há séculos ela havia gradualmente começado a deitar-se, da inscrição ereta tornou-se manuscrito repousando oblíquo sobre escrivaninhas, para afinal acamar-se na impressão, ela começa agora, com a mesma lentidão, a erguer-se novamente do chão. (...) Nuvens de gafanhotos de escritura, que hoje já obscurecem o céu do pretenso espírito para os habitantes das grandes cidades, se tornarão mais densas a cada ano seguinte.[103]

O momento mais intenso da Antropofagia, de maior alcance crítico, tem início na segunda dentição da *Revista*, iniciada em 17 de março de 1929 como suplemento dominical do *Diário de São Paulo*. Raul Bopp permanece na direção, se revezando com Jaime Adour, e Geraldo Ferraz é o secretário de redação. De acordo com a avaliação de Augusto de Campos, ao se transferir para a página do jornal, a Revista de Antropofagia ganhou dinamicidade comunicativa. A linguagem ágil dos noticiários e anúncios de jornal foi explorada ao máximo. Era, pode-se dizer, "um contrajornal dentro de um jornal".

O objetivo deste terrorismo literário era recuperar a força revolucionária do modernismo de 1922 que estava se diluindo.

---

103 Benjamin, Walter. *Rua de Mão Única*/Walter Benjamin. Tradução de Rubens Rodrigues Torres Filho e José Martins Barbosa. São Paulo: Brasiliense, 1995, p. 28.

Nesta fase, a Antropofagia pretendia ultrapassar o plano puramente literário e alcançar o plano social e político. Esta ultrapassagem ousada provocou uma reação no público do jornal, a ponto de alguns assinantes passarem a devolvê-lo em protesto contra as suas "indecências", conforme declaração do gerente do jornal, Orlando Dantas, a Geraldo Ferraz (Ferraz, 1985, p. 54), que na época era o diagramador da página antropofágica. Em virtude desses protestos, alguns meses após a suspensão, Rubens do Amaral, diretor do jornal, acabou com a *Revista*; sua última publicação foi em 1 de agosto de 1929. Termina assim, o "sarampão antropofágico". Desagrega-se o grupo, desfaz-se o casamento de Tarsila e Oswald. A antropofagia permanecerá renegada por Oswald até 1945, quando seus temas são retomados e aprofundados teoricamente nos ensaios "A crise da Filosofia messiânica" e "A marcha das utopias".

Caracterizando a radicalidade da poética oswaldiana, Haroldo de Campos encontra nos escritos de Marx e Engels um ponto de partida para a compreensão da maneira como nela se relaciona consciência e linguagem:

> A linguagem é tão velha como a consciência – a linguagem é a consciência real, prática, que existe então igualmente para mim mesmo pela primeira vez, e, assim como a consciência, a linguagem não aparece senão com o imperativo, a necessidade do comércio com outros homens. (...) A consciência é, portanto, desde logo, um produto social e assim permanece enquanto existam homens em geral.[104]

A linguagem e a consciência enquanto produtos sociais estão inseridas numa moldura espacial e temporal, num contexto específico. A vida literária e intelectual em São Paulo na época em que Oswald escreveu os Manifestos de 1924 e 1928 se desenvolvia

---
104 Campos, Haroldo de (2003). *Op. cit.*, p. 19.

completamente apartada da linguagem falada pelo povo. Entre os literatos e o "homem brasileiro novo", fruto da diversidade cultural da imigração maciça e da nova mentalidade capitalista industrial, havia um abismo "aparentemente intransponível" (Campos, 2003, p. 21). A "contribuição milionária de todos os erros", encontrada por Oswald na fala do brasileiro comum, foi o caldo de cultura de onde brotaram os *Manifestos* e também romances que colocavam em xeque não só a literatura, mas a mentalidade dominante no Brasil nas décadas de 1920 e 1930.

A linguagem poética de Oswald expõe criticamente os pilares que sustentam a estrutura patriarcal e oligárquica da sociedade brasileira. Não se trata, portanto, de uma produção literária de alto nível dirigida aos iniciados e especialistas, mas de uma produção interessada em balançar o *status quo*. Fazendo uma analogia com o conhecimento filosófico, João Ribeiro (1952) considera este procedimento equivalente a *tabula rasa* de Descartes. Oswald foi eliminando as ideias dominantes na cultura até chegar ao Brasil pré-histórico. Observando-se a relação consciência e linguagem própria a esse percurso, pode-se entender porque a desconstrução crítica do Brasil operada por Oswald levou a uma nova forma de expressão e ao movimento de reconstrução geral da Poesia Pau-Brasil.

Referências bibliográficas

ANDRADE, Marília de. Oswald e Maria Antonieta – Fragmentos, memórias e fantasia. *In:* RUFFINELLI, Jorge; ROCHA, João César de Castro. *Antropofagia hoje? Oswald de Andrade em cena.* São Paulo: Realizações Editora, 2011.

ANDRADE, Oswald de. *Um homem sem profissão (Obras Completas). Sob as ordens de mamãe.* Rio de Janeiro: Civilização Brasileira, 1976.

_____. *Pau-Brasil.* São Paulo: Globo, 2003.

ANDRADE, Oswald de. *A utopia antropofágica*. 4ª ed. São Paulo: Globo, 2011.

BENJAMIN, Walter. *Rua de Mão Única*/Walter Benjamin. Tradução de Rubens Rodrigues Torres Filho e José Martins Barbosa. São Paulo: Brasiliense, 1995.

BRETON, Andre. *Manifestos do Surrealismo*. São Paulo: Brasiliense, 1985.

BRITO, Mário da Silva. *Ângulo e Horizonte*. São Paulo: Livraria Martins Editora, 1969.

CAMPOS, Haroldo de. Uma poética da radicalidade (Obras completas de Oswald de Andrade). In: ANDRADE, Oswald de. *Pau-Brasil*. São Paulo: Globo, 2003.

CLASTRES, Pierre. *A sociedade contra o Estado*. Pesquisas de antropologia política. São Paulo: Cosac Naify, 2003.

FACIOLI, Valentin. Modernismo, Vanguardas e Surrealismo no Brasil. In: PONGE, Robert (Org.). *Surrealismo e Novo Mundo*. Porto Alegre: Editora da Universidade, 1999.

FERRAZ, Geraldo. *Depois de Tudo*. Rio de Janeiro: Paz e Terra, 1985.

JARILLOT RODAL, Cristina. *Manifiesto y vanguardia*: los manifiestos del futurismo italiano, Dada y El surrealismo. Bilbao: Universidad Del País Vasco/Euskal Herriko Unibertsitateko Argitalpen Zerbitzua, 2010, p. 136.

LÉVI-STRAUSS, Claude. *Tristes Trópicos*. Lisboa: Edições 70, 1981.

NUNES, Benedito. Antropofagia ao alcance de todos. In: ANDRADE, Oswald de. *A utopia antropofágica*. São Paulo: Globo, 2011.

Revista de Antropofagia. Reedição fac-similar da Editora Abril, São Paulo, 1975.

RUFFINELLI, Jorge; ROCHA, João César de Castro. *Antropofagia hoje? Oswald de Andrade em cena*. São Paulo: Realizações Editora, 2011.

STERZI, Eduardo. Dialética da Devoração e Devoração da Dialética. *In:* RIBEIRO, João. *Obras. Crítica. Os Modernos.* Rio de Janeiro: Academia Brasileira de Letras, 1952.

O vínculo entre democracia e educação na obra de Anísio Teixeira

JOSÉ ANTONIO SEPULVEDA[105]

Este texto tem como objetivo apresentar a concepção de democracia contida na obra de Anísio Teixeira. Para isso, foram usados os seguintes livros: Educação para a Democracia (2007),[106] Educação é um Direito (1996)[107] e o livro Educação e o Mundo Moderno (1969),[108] que é uma compilação de palestras e conferências feitas durante os anos de 1950. Além disso, procurei fazer uso da análise de alguns autores que se dedicaram a estudar a obra de Teixeira. Vale ressaltar, que o autor em questão, desenvolveu uma visão muito própria de democracia, o que torna tal temática relevante, em especial para o campo da educação; assunto que será desenvolvido no transcorrer deste trabalho.

---

105 Doutor em Educação pela Universidade Federal do Rio de Janeiro. Mestre em Educação pela Universidade Federal do Rio de Janeiro. Especialista em História das Relações Internacionais pela Universidade do Estado do Rio de Janeiro. Licenciado e Bacharel em História. Professor Adjunto da Universidade Federal Fluminense. Tem experiência na área de Educação, com ênfase em Educação Brasileira, atuando principalmente nos seguintes temas: educação, história, política e políticas educacionais.
106 Teixeira, Anísio. *Educação para a democracia.* Rio de Janeiro: Editora UFRJ, 2007.
107 Idem. *Educação é um direito.* Rio de Janeiro: Editora UFRJ, 1996.
108 Idem. *Educação e o mundo moderno.* São Paulo: Companhia Editora Nacional, 1969.

Anísio Teixeira começou sua vida pública como Secretário de Educação do governo da Bahia. Estudou nos Estados Unidos com os filósofos escolanovistas e tornou-se um defensor do movimento da Escola Nova, sendo, inclusive, signatário do Manifesto dos Pioneiros da Educação Nova, de 1932. No Rio de Janeiro, à época, capital do Brasil, criou a Universidade do Distrito Federal, mas, logo em seguida, se retirou do cargo que possuía na prefeitura do Distrito Federal em oposição ao endurecimento do governo de Getúlio Vargas. Nos anos cinquenta do século passado, voltou ao governo federal com auxílio do próprio Vargas, agora presidente eleito, dirigiu o Instituto Nacional de Estudos Pedagógicos (INEP) e criou a Coordenação de Aperfeiçoamento de Pessoal de Nível Superior (CAPES). Teixeira sempre foi muito ativo no campo educacional, tanto como funcionário do Estado quanto como membro da sociedade civil.

A participação de Anísio Teixeira na discussão do problema da educação marcou a vida pública brasileira durante décadas no século passado. A sua presença sempre foi bastante polêmica, gerando discordâncias sobre o papel da educação. Todavia, ele esteve sempre presente na defesa da expansão do ensino público como garantia do processo de modernização e democratização da sociedade brasileira.

Não existe unanimidade acerca da posição defendida por Teixeira entre os autores que estudam a educação. Paiva (1973)[109] e Saviani (1983),[110] baseados na obra de Jorge Nagle, defenderam a tese de que Teixeira foi um simples pensador liberal que tentava adequar a educação aos interesses da classe dominante. Entretanto, a partir da década de 1990, essa ideia foi sendo modificada. Segundo

---

109 Paiva, Vanilda. *Educação popular e educação de adultos*. São Paulo: Loyola, 1973.
110 Saviani, Dermeval. *Educação Brasileira: Estrutura e Sistema*. São Paulo: Saraiva, 1983.

Nunes (2000),[111] Teixeira seria um intelectual que lutou por um projeto de educação e foi derrotado. Alguns autores se posicionam contrários e outros a favor de sua obra. Todavia, existe uma convergência, Anísio Teixeira foi um defensor da exclusividade de recursos públicos à escola pública. Tal postura foi responsável por levantar suspeitas infundadas de que ele era comunista. É possível afirmar que a educação era um tema central para o autor, já que ele a entendia como um instrumento fundamental de democratização da sociedade. Sendo assim, passo agora a apresentar a concepção de democracia e educação de Anísio Teixeira.

Democracia e educação

Teixeira partia do pressuposto liberal de que todos, guardando as suas diferenças pessoais, são educáveis, pois nascem com tal habilidade justificadora da condição humana, ou seja, todos são portadores de uma inteligibilidade, que, se bem conduzida pela educação, pode construir uma sociedade mais justa. Assim, para ele, a partir da observação comum, esta confirmada pela ciência, o homem é um animal extremamente educável, podendo atingir constantemente níveis ainda não atingidos, o que basta para justificar a sua aspiração de organizar a vida de modo a todos poderem dela participar, como indivíduos autônomos e iguais. Tal sociedade para ele seria uma sociedade baseada no postulado democrático.

> Esse postulado democrático é o de que todos os homens são suficientemente educáveis, para conduzir a vida em sociedade, de forma a cada um a todos dela partilharem como iguais, a despeito das diferenças das respectivas histórias pessoais e das diferenças propriamente individuais.[112]

---

111 Nunes, Clarisse. *Anísio Teixeira: Poesia da Ação*. São Paulo: EDUSF, 2000.
112 Teixeira, Anísio (1969). *Op. cit.*, p. 205.

Dessa forma, a democracia era, para Teixeira, todo um programa evolutivo de vida humana, que, apenas muito recentemente começou a ser tentado e, de algum modo, desenvolvido, mas está longe de ter completa consagração. O postulado da democracia, reforçava o autor, "liga o programa de vida que representa a um programa de educação, sem o qual uma organização democrática não poderia sequer ser sonhada".[113]

Com efeito, do modo como foi colocado por Teixeira, a democracia era algo que deveria ser ensinado, inculcado na cabeça dos indivíduos como a melhor forma de combater as desigualdades sociais. Dessa forma, seria o mérito e não a origem social que marcaria as diferenças sociais. Portanto, o autor foi um defensor de um método intencional de ensino. "A educação nas democracias, a educação intencional e organizada, não é apenas uma das necessidades desse tipo de vida social, mas a condição mesma de sua realização".[114]

Com isso, Teixeira entende os motivos pelos quais a educação era tão maltratada em nossa sociedade. Afinal, aqueles que estavam no poder não queriam perder seus privilégios e uma escola democrática poderia modificar toda a relação social.

> Daí ser a educação um dos fundamentos da crença democrática e, ao mesmo tempo, uma das razões de se descrer da democracia, por isto mesmo que não vem a escola sendo o desejado instrumento de sua realização, mas tantas vezes, um outro meio de se confirmarem e se preservarem as desigualdades sociais.[115]

---

113   Teixeira, Anísio (1969). *Op. cit.*, p. 205.
114   *Ibidem*, p. 206.
115   *Idem, loc. cit.*

Segundo Teixeira, a democracia surgiu, na evolução histórica, como uma reinvindicação política, sobretudo de ideais individualistas, em face da opressão da organização social ainda vigente no século XVIII. O autor entende que essas reinvindicações encontraram sua formulação teórica no liberalismo e aponta para três tipos de liberalismo: econômico, quanto à organização do trabalho ou da produção; político, para organização do Estado; e ético-estético. Teixeira desenvolve esse último termo para fazer uma crítica ao que ele chamou de "*rousseauismo*", que concebeu "o indivíduo como algo que, deixado a si mesmo, se desenvolveria, se exprimiria em harmonia, bondade e beleza".[116] Na realidade ele está fazendo aqui uma negação do método natural de educação defendido por Rousseau. Pois esse se contrapõe ao método intencional proposto por Teixeira.

Apesar de Anísio Teixeira se reconhecer como um liberal, ele se mostrava, em muitos momentos, um crítico do liberalismo exacerbado, que, segundo ele poderia ser ruim para a sociedade. O liberalismo se confirmava no individualismo, segundo ele havia uma falha teórica nesse individualismo, por não ser suficientemente individualista.

> O individualismo – na realidade apenas de alguns e não de todos os indivíduos – da teoria individualista permitiu a ascensão dos que tinham os meios econômicos, isto é, posses, terras e bens, e que, deste modo, dispunham também dos meios de se apropriarem dos novos conhecimentos, a fim de aplicá-los livremente em seu proveito.[117]

Teixeira entende que os esplêndidos triunfos do século XIX e as catástrofes do século XX foram o resultado desses "libertarismo"

---

116 Teixeira, Anísio (1969). *Op. cit.*, p. 206.
117 *Ibidem*, p. 207.

econômico, político e ético-estético, em que se estruturou a espécie humana, fazendo com que a vida humana seja uma luta biológica, aquela que Darwin viera a descobrir na vida das espécies, particularmente, entre as espécies animais. Assim, o autor entende que esse "libertarismo" foi o que se estabeleceu, ou seja, uma forma de lei da floresta entre os homens. Para Teixeira, o fato era que evoluímos, ou estamos evoluindo, de um modelo de individualismo, que na realidade serve apenas para alguns, para o novo individualismo que atende a todos. Dessa forma, o autor reconhece que a vida social precisa institucionalizar-se de forma

> [...] a permitir que não somente alguns, mas todos os indivíduos encontrem, ao lado de condições favoráveis para desenvolver as qualidades comuns e particulares, condições também favoráveis para aplicar estas qualidades comuns e particulares, isto é, que o que foi dado somente a alguns e no excesso que decorria de serem só eles os beneficiários, contando com os demais para servi-los – seja a todos estendido, com as limitações inevitáveis da participação geral.[118]

Uma vez corrigido, segundo Teixeira, o equívoco das teorias individualistas, baseadas na tese de que o indivíduo possuía um conjunto de qualidades inatas capazes de, por si, levá-lo à ordenada felicidade na vida social, seria possível construir uma sociedade cuja educação intencional democrática possa proporcionar o máximo de potencialidade do indivíduo.

É forte a influência da teoria da evolução na obra de Teixeira. A forma como ele entendia a sociedade democrática era evolutiva. Tanto que ele reconhecia que o estudo teórico sobre a democracia era um ponto fundamental para o desenvolvimento do conceito, e que esse precisaria ser bem debatido. O autor defendia que esse

---
118   Teixeira, Anísio (1969). *Op. cit.*, p. 206.

debate vinha acontecendo nos últimos anos e que era extremamente positivo para o propósito de educar os indivíduos. Todavia, ele lamentava que o método intencional tenha sido exercido muito mais nas experiências ditatoriais do que nas democracias individualistas. Ou seja, Anísio Teixeira (1969) alerta que, enquanto a educação não for intencionalmente construtora de uma democracia, a educação vai ser intencionalmente construtora de uma ditadura.

> Não faltou ensaios democráticos, que se realizaram nas últimas décadas, o propósito de educar o indivíduo. Mas, infelizmente, as experiências ditatoriais se revelaram muito mais conscientes dessa necessidade de educar intencionalmente, do que as democracias individualistas.[119]

Teixeira acreditava que nos anos de 1950, a sociedade, em especial os educadores, estava despertando para a necessidade de completar a obra democrática. Com um esforço educativo considerável, com mais sensibilidade aos aspectos da organização, a sociedade vinha intensificando o trabalho nas escolas. Todavia, o fizeram sem a devida atenção ao protagonismo que continua a ser responsabilidade do indivíduo, por ser ele a força de revisão e de mudança, principalmente, pelo seu pensamento livre. Tal forma de pensar do indivíduo era a única capaz de entender e manipular intencionalmente a complicada máquina organizativa da sociedade moderna.

Vale mencionar aqui, que Teixeira não entendia a sociedade como um todo único, mas, de fato, e, sobretudo, a moderna sociedade, uma "constelação de sociedades".

> Além da estratificação social, que nos dá as classes, há toda sorte de sociedades menores dentro da grande sociedade. A família, os amigos, companheiros de escola, companheiros

---

119 Teixeira, Anísio (1969). *Op. cit.*, p. 208.

de trabalho, de clubes são outras tantas sociedades dentro da sociedade. E com tais micro sociedades existem até mesmo dentro de cada classe, temos, pelo menos, um múltiplo de todas elas.[120]

Dessa forma, para Teixeira, a sociedade democrática era aquela que possuía o máximo de comum entre todos os grupos e, por isto, todos se relacionariam a partir do respeito mútuo e idêntico interesse. A relação entre os grupos, baseadas no sentimento de que todo o ser humano tem algo a receber e a dar, imprimiria na grande sociedade o sentido democrático que permitiria fazer-se o meio de desenvolvimento de cada indivíduo e de toda a sociedade.

Assim, era possível entender que, para Teixeira, a escola democrática era aquela que colocava em prática esse ideal democrático procurando torná-lo a atitude fundamental do professor, do aluno e da administração escolar.

> A democracia assim, não é algo especial que se acrescenta à vida, mas um modo próprio de viver que a escola lhe vai ensinar, fazendo-o um *socius* mais que um puro indivíduo, em sua experiência de vida, de sorte a que estudar, aprender, trabalhar, divertir-se, conviver, sejam aspectos diversos de participação graças aos quais o indivíduo vai conquistar aquela autonomia e liberdade progressivas, que farão dele o cidadão útil e inteligente de uma sociedade realmente democrática.[121]

O fragmento acima demonstra o quanto Teixeira acreditava que essa atmosfera de participação faria com que nenhuma atividade escolar tivesse aquele velho espirito de segregação e isolamento, que tanto dificulta a verdadeira formação democrática. Ele entendia que a escola tradicional segregava os alunos ao aliená-los

---

120 Teixeira, Anísio (1969). *Op. cit.*, p. 209.
121 *Ibidem*, p. 215.

de todas as oportunidades, que essa escola rompia com a continuidade entre o mundo e a experiência do aluno, assim como desprezava a sua aprendizagem. Portanto, para Teixeira, "a experiência do aluno é um todo contínuo que se amplia com os novos interesses e novas aprendizagens, mantida, entretanto, a unidade nos novos desdobramentos a que levam a instrução e o saber".[122]

O fragmento abaixo demonstra a sua crítica ao isolacionismo provocado pela escola:

> A cultura que isola, que "especializa", tende a estimular a formação de castas fachadas e é, em essência, aristocrática ou aristocratizante. A velha escola sempre teve essa tendência. Quando, porém, a sociedade é democrática, toda cultura deve conduzir a maior participação, e neste sentido é que é humana e geral.[123]

Dessa forma, continua Teixeira:

> A sociedade democrática é uma sociedade de pares, em que, os indivíduos, a despeito de diferenças individuais de talento, aptidão, ocupação, dinheiro, raça, religião e, mesmo, posição sócia, se encontrem associados, como seres humanos fundamentalmente iguais, independentes, mas solidários.[124]

Importante ressaltar que para Teixeira (1969) a sociedade democrática não é algo que exista ou tenha existido, nem algo a que tenda o homem por evolução natural; para ele a democracia não era o resultado de um fato histórico pretérito que almejamos repetir continuamente, muito menos uma previsão rigorosamente científica a que possamos chegar com total precisão determinista. Mas, acima de tudo, a democracia era uma afirmação política, um desejo, um ideal, ou, talvez, como ele gostava de colocar, uma profecia.

---

122 Teixeira, Anísio (1969). *Op. cit.*, p. 209.
123 *Idem, loc. cit.*
124 *Ibidem*, p. 219.

> A profecia se distingue da predição, porque esta, quando científica, importa em certeza ou alta probabilidade, enquanto a profecia é um misto de desejo e predição, o que a torna condicional... a predição é previsão de acontecimentos. A profecia é programa de ação. A profecia democrática é um programa de sociedade igualitária, fundado na afirmação política de que os homens, a despeito de suas diferenças individuais, se adequadamente educados, adquirirão uma capacidade básica comum de entendimento e ação, suscetível de levá-los a uma vida associada, de que todos partilhem igualmente.[125]

No meu entender, uma característica importante em demasia na obra e na discussão de Teixeira sobre a democracia é a sua consciência sobre a exploração social. Ele entendia que, historicamente, nunca houve uma sociedade democrática. Com efeito, ele entendia que os homens, se deixados a si mesmos, desenvolveriam as suas diferenças individuais e se distribuiriam por classes, senão por castas, cada grupo tendendo a segregar-se e explorar ou deixar-se explorar pelos demais. Ele explica isso através de uma construção histórica que deu um ar de naturalidade as desigualdades sociais.

> A crença oposta na desigualdade social e política em face da desigualdade mental dos homens tem toda a história a seu favor e a vantagem, portanto, de já haver sido posta à prova. Muitos a consideram comprovada e, o que é mais grave, mesmo para os que assim não pensam, está ela cristalizada em hábitos mentais, atitudes, estados de espírito, costumes, e um [sem] número de comportamentos humanos inconscientes e arraigados, oriundos de práticas milenares da espécie, fundadas em uma desigualdade supostamente indestrutível ou essencial.[126]

---

125 Teixeira, Anísio (1969). *Op. cit.*, p. 220.
126 Teixeira, Anísio (1996). *Op. cit.*, p. 24.

Teixeira não acreditava na desigualdade natural. Pelo contrário, adepto da tradição empirista inglesa (em especial Bacon e Locke), acreditava que todo o ser humano era uma "tabula rasa", que só a partir de suas experiências poderia se desenvolver. Para isso, ele creditava vital importância à educação e a democracia. No momento em que começa a discutir a democracia, ele se aproximava do iluminismo francês, em especial o desenvolvido por Condorcet após o início da Revolução Francesa. Tal postura intelectual o aproximou de uma visão fundamental de democracia. Essa postura se efetivou de forma definitiva com sua aproximação com o empirismo norte-americano de Dewey responsável pela difusão da ideia de escola nova.

Tal pensamento pode justificar, de forma errônea, a acusação de que ele era comunista, creio que o excesso de humanismo, de fato, poderia gerar essa confusão. Todavia, não se pode negar que Teixeira possuía uma forma muito particular de entender a democracia, principalmente, por afirmar que essa forma de governo seria um exercício pedagógico. Ou seja, somente pela educação da sociedade de forma intencional, acreditando na potencialidade de cada indivíduo, a democracia poderia ser plena.

> A sociedade democrática não pode, por natureza, ser espontânea. Nenhuma organização social o é... Foi e é uma opção, e só se realiza, se é que chegará um dia a realizar-se, por um tremendo esforço educativo. Por isso é que se afirma que a relação entre a democracia e educação é intrínseca e não extrínseca, com sucede em outras formas de sociedade. A aristocracia, autocracia, o regime de castas, etc. todos podem existir sem educação intencional para todos. Ao contrário, não só prescindem dela, como precisam que ela não haja e velam por impedi-la. A democracia não pode existir sem educação para todos e para cada um, pois importa em transformar,

> não alguns homens, mas todos os homens para – contra tendências hereditárias, sociais, se não biológicas – rematar, por evolução consciente, a obra que as sucessivas civilizações, desde o começo dos séculos vêm realizando pela injustiça e consequente violência. Todas as outras formas de sociedade precisam de alguma educação, mas só a democracia precisa de educação para todos e na maior quantidade possível.[127]

O caráter intencional da democracia, resultado de uma radicalização da educação, pode parecer, em um primeiro momento, ingênuo e otimista. Todavia, ele tinha consciência das dificuldades da construção da democracia.

> A opção democrática que os povos do mundo vêm fazendo desde o século XVIII tem encontrado em cada país as resistências maiores ou menores do seu processo histórico. Embora a Revolução Industrial e, sobretudo, a tecnológica concorressem por um lado, para tornar a democracia possível, sabemos hoje que nenhuma das duas revoluções nos trouxe, do presente, a democracia. Muito pelo contrário, tanto facilitarão elas uma civilização de térmitas para os homens – e isto é que vem, de certo modo realmente promovendo – como poderão facilitar a civilização democrática, se lograr o homem se convencer da tremenda importância da educação intencional para a construção da democracia.[128]

Em suma, Teixeira buscava fazer da escola, como instituição voluntária e intencional, essa comunidade democrática. Dessa forma, uma vez desenvolvida essa escola, criava-se para as crianças e para os adolescentes, vale dizer para os futuros homens, não só o mais eficiente instrumento de educação, como o melhor presságio de uma possível verdadeira sociedade democrática.

---

127 Teixeira, Anísio (1969). *Op. cit.*, p. 220.
128 *Idem, loc. cit.*

Todavia, o referido autor entendia que a escola democrática só poderia existir se fosse pública e estatal.

Defesa do caráter público da escola como garantia da democracia

Baseado na obra do autor norte-americano John Dewey, Teixeira chegou à conclusão de que "o Estado é a organização do público (ou dos públicos), por meio de funcionários, para a proteção dos interesses partilhados pelos respectivos membros".[129]

Na concepção do aludido autor, o público não era algo definitivo, na realidade seria a sistematização de "grupos" de interessados, "que surgem, ampliam-se, restringem-se ou desaparecem, conforme as irradiações, retrações e expansões da convivência humana".[130]

Dessa forma, Teixeira entendia que quando certas transações humanas, afinal para ele quaisquer atos humanos seriam transações, despertavam interesse de maneira importante não somente àqueles que praticam, mas a terceiros, surgia assim "o público". O público era os terceiros, e seus interesses, o interesse público.

Anísio Teixeira entendia que o mais importante para o funcionamento do público era a existência de uma legislação que garantisse uma efetiva participação do funcionário público, que, segundo ele, seriam os responsáveis por garantir o interesse público.

> A lei estabelece as condições em que os atos devem ser praticados para adquirirem caráter público, validez pública, controle político. O "interesse público" surge cresce ou decresce e míngua, segundo as condições sociais, podendo certas transações públicas voltar a ser privadas, como atividades privadas se fazerem públicas, na medida que as suas consequências não afetem ou afetem os membros do público e sejam ou não

---

129 Dewey, John *apud* Teixeira, Anísio (1996). *Op. cit.*, p. 37.
130 *Ibidem*, p. 37.

julgados suficientemente importantes para exigirem controle pelos agentes do "público".[131]

O fragmento acima demonstrou como o autor entendia as diferenças entre o que era público e privado. A distinção segue o padrão liberal que visualizava as relações sociais a partir de demandas da própria sociedade (ou mercado). Nesse caso, qualquer produção social poderia ser ora de interesse privado, ora de interesse público. Teixeira usou a educação como exemplo disso. Ele afirmava que a educação já foi de interesse privado e muito recentemente tornou-se algo de interesse público.

> A caracterização da educação como direito individual, assegurado pelo Estado, isto é, como interesse público, é coisa relativamente recente e apenas neste século devidamente generalizada.[132]

Com efeito, no entendimento de Teixeira, a educação foi, por muito tempo, e mesmo depois do estabelecimento do regime democrático, considerada um interesse privado. De certa forma, admitia-se algum dever do Estado de promover, pelo menos, as primeiras letras, ou até mesmo as ciências e as artes. Todavia, isso não queria dizer que o Estado reconhecia qualquer direito individual à educação. Alguns autores, como Spencer, por exemplo, chegaram mesmo a serem explícitos e a defenderem exatamente o oposto. A educação, como a religião, era algo de essencialmente privado.

Vale ressaltar, que no advento do estabelecimento da educação como interesse público, o fato de ser a educação considerada uma necessidade individual, e não apenas uma vantagem, parece ser a grande questão de debate. O que está por trás dessa discussão, eram dois modelos de liberalismo. O clássico, modelo Mandeville,

---
131 Dewey, John *apud* Teixeira, Anísio (1996). *Op. cit.*, p. 38.
132 *Idem, loc. cit.*

de que povo instruído era povo perigoso; e o modelo iluminista, que tinha como referência ideia de educação para a cidadania, elaborado por Condorcet, que foi amplamente desenvolvido pelo modelo norte americano de Escola Nova, produzido por John Dewey.

Dessa forma, Anísio Teixeira se filiava numa determinada concepção de homem firmada durante a idade moderna. Ele apresentava como pontos de ruptura a reforma religiosa e o Renascimento. "Ambos os movimentos acompanham o desaparecimento do homem medieval e o nascimento do homem moderno, animado de nova confiança em si mesmo, ante a descoberta do passado e das possibilidades do futuro".[133] Mas, enquanto o homem da reforma religiosa pensa em termos de um novo indivíduo, com novos direitos e nova participação em seu destino, o homem da contrarreforma continuava ligado a uma forma autoritária de crença e de saber.

Era diante disto que Teixeira entendia que o saber – a grande paixão da época –, do lado protestante, se fez uma necessidade individual e, do lado católico, uma necessidade coletiva, social, a ser atendida por alguns, por certo, mas não essencialmente individual. Todas as esperanças do Renascimento se perderam depois com os terríveis conflitos religiosos que se seguiram, somente vindo a renascer no século XVIII, com uma espécie de novo Renascimento, que é o aparecimento da ideia democrática propriamente dita.

E foi nesse período histórico que a visão de escola e educação pública ganhou força. Somente, então, o direito à educação passou a compor a agenda transformadora do discurso revolucionário. Mas, nem por isto o direito à educação se fez efetivo. Outras forças, já mencionadas aqui, contribuíram na visão de Teixeira, para transformar o novo "individualismo" em uma confusa teoria de autossuficiência do indivíduo, pela qual bastaria deixar o indivíduo

---

133 Dewey, John *apud* Teixeira, Anísio (1996). *Op. cit.*, p. 40.

"livre", para que por si só atingisse a felicidade, isto é, o saber, o poder e a riqueza.

> Essa noção de liberdade como algo de negativo, como simples ausência de restrições e constrangimentos exteriores, era uma novidade no mundo. O homem *livre* grego não era este homem. Não seria, assim, concebida a liberdade nem entre os romanos nem na idade média. Essa nova "liberdade" fundava-se numa teoria psicológica falsa, pela qual a "mente" era algo de absoluto e capaz de existir por si e de por si abrir o seu caminho.[134]

Segundo o autor, essa falsa concepção de liberdade foi responsável por construir uma noção equivocada de individualismo no século XIX, tornando tal período uma das épocas de maior desigualdade social da história. A mencionada teoria psicológica falsa juntamente com a falsa teoria das leis "naturais" da economia humana contribuíram para o maior paradoxo do século XIX: grande desenvolvimento material e extrema injustiça social.

Somente a partir do século XX, em especial depois das grandes guerras, que a teoria democrática recuperou a devida importância. Teixeira entendia que a partir desse período a sociedade voltou a conceber a liberdade como algo possível se for dada ao homem as condições necessárias e suficientes.

> Um mínimo de oportunidades iguais é indispensável para que as capacidades individuais, melhor diríamos potencialidades, do organismo biológico humano venham a desenvolver-se, produzindo inclusive o que chamamos de mente e inteligência, que, rigorosamente, não é algo de inato, mas um produto social da educação e do cultivo.[135]

---

134 Dewey, John *apud* Teixeira, Anísio (1996). *Op. cit.*, p. 41.
135 *Idem, loc. cit.*

No fragmento acima, existe de forma objetiva uma crítica ao individualismo do *laissez-faire*, em especial uma crítica à concepção de indivíduo de Stuart Mill. Principalmente por Teixeira desconsiderar completamente qualquer ideia inatista.

É possível verificar também no fragmento acima, o quanto o mencionado autor valorizava a educação. Alguns autores, como Saviani, consideram tal visão de educação completamente ingênua. Todavia, o próprio Anísio Teixeira, demonstra o grau de consciência que ele tinha acerca do papel da educação.

> Não quero, com isto, emprestar nenhuma especial onipotência à educação. Sempre foi ela o processo pelo qual a sociedade se perpetuou e se perpetua. Mas se introduzo na sociedade um elemento novo para a sua dinâmica, se graças ao conhecimento posso obter homens diferentes, capazes de produzir em condições diferentes e pensar de forma diferente da usual, ou seja, racionalmente, experimentalmente, tenho de dotar a sociedade do aparelhamento necessário para reproduzir essa força nova de ação e pensar.[136]

Teixeira entendia que, para se construir uma nova sociedade, que atendesse as novas demandas do mundo moderno, de forma justa, precisaria de um novo aparelhamento escolar. E como a educação escolar intencional se fazia necessária à formação voluntária desse homem, ela se tornaria de interesse público.

Anísio Teixeira defendia que a sociedade democrática só se efetivaria se produzisse uma educação escolar democrática capaz de inculcar atitudes muito especiais e particularmente difíceis, contrárias às tradicionais atitudes reproduzidas na escola. Essa nova escola, para ele, deveria inculcar novos valores: objetividade, tolerância, investigação científica, espírito de

---

[136] Dewey, John *apud* Teixeira, Anísio (1996). *Op. cit.*, p. 42.

confiança e amor ao homem; portanto, carregada de um generoso sentido humano.

O autor estava completamente convencido de que somente com a educação seria possível para a sociedade brasileira alcançar a modernidade. No seu entendimento, só o Estado democrático e a Escola pública possibilitariam acesso a essa modernidade. Tal conceito, para ele, significava a total liberdade criativa do homem, condição necessária para o desenvolvimento produtivo da sociedade. Ou seja, seria a partir disso que o homem produziria riqueza para si e para todos. Era justamente nesse contexto, que ele percebia o quanto é público o novo interesse e a nova necessidade.

Vale ressaltar que, para Teixeira, deveria existir, por certo, educação privada. Seria mesmo conveniente que não desaparecesse por todo um esforço, que se somaria ao do Estado, na grande construção educacional do presente e do futuro próximo. Todavia o autor acreditava na inevitabilidade da escola pública.

> Mas o empreendimento se irá fazer tão dispendioso e tão amplo, que em sua maior parte será inevitavelmente público. Público por esse motivo do custo, e público, porque representa cada vez mais um interesse público. É a sociedade, como um todo, que, mais do que qualquer outro grupo, estará interessada na formação do cidadão, do membro desse corpo social extremamente complexo e plural em que ela se transformou.[137]

No fragmento em destaque, o autor não estava simplesmente exprimindo um desejo, ao acentuar essa tendência pública da educação, mas sim procurava analisar os fatos e deduzir-lhes as consequências. E tanto foi assim, que ele julgava imprescindível defender a organização escolar dos perigos a que essa tendência poderia levar.

---

137 Dewey, John *apud* Teixeira, Anísio (1996). *Op. cit.*, p. 46.

E essa defesa, segundo Teixeira, estaria na concepção de Estado pluralista. Para ele, "o público e as formas pelas quais o Estado o representa são coisas relativas e plurais, dotadas as formas do Estado de extrema flexibilidade de organização. Nenhum outro interesse público exigirá forma tão especial do Estado quanto o da educação".[138]

Anísio Teixeira defendia que a educação seria o processo pelo qual o indivíduo se formaria para a sociedade plural e múltipla a qual pertenceria. Assim, o Estado teria de fazer as instituições educativas exemplos de instituições integradas, humanas e pessoais, nas quais o educando se iniciasse na experiência da integração.

Em suma, a sociedade, para Teixeira, era mais ampla que o Estado, e estava em constante expansão. Isso tornava cada vez mais necessário o controle público dessa ampliação. Em especial, com relação à aplicação de recursos públicos. Anísio Teixeira foi, por causa disso, um dos grandes defensores da aplicação de recursos públicos exclusivamente na escola pública.

Afinal, uma vez elevando-se o interesse pela educação aos mais altos níveis, a educação pública seria a educação que melhor serviria aos interesses múltiplos e complexos dos indivíduos. Dessa forma, como defendia Teixeira, a escola pública seria por excelência a escola da comunidade, a escola mais sensível a todas as necessidades dos grupos sociais e mais capaz de cooperar para a coesão e a integração da comunidade, como um todo.

Referências bibliográficas

NUNES, Clarisse. *Anísio Teixeira: Poesia da Ação*. São Paulo: EDUSF, 2000.

PAIVA, Vanilda. *Educação popular e educação de adultos*. São Paulo: Loyola, 1973.

---

[138] Dewey, John *apud* Teixeira, Anísio (1996). *Op. cit.*, p. 47.

SAVIANI, Dermeval. *Educação Brasileira: Estrutura e Sistema*. São Paulo: Saraiva, 1983.

TEIXEIRA, Anísio. *Educação para a democracia*. Rio de Janeiro: Editora UFRJ, 2007.

_____. *Educação é um direito*. Rio de Janeiro: Editora UFRJ, 1996.

_____. *Educação e o mundo moderno*. São Paulo: Companhia Editora Nacional, 1969.

Repartindo pessoas:
o pensamento social do MST
e a experiência humana como sentido

EDUARDO REBUÁ[139]

Os que não têm nada que dividir,
repartem com os outros as suas pessoas.
[Florestan Fernandes]

O embate contra-hegemônico traz a exigência
da construção de uma alternativa que tenha
a democracia como o valor fundamental.
[Gaudêncio Frigotto]

---

139 Professor Adjunto da Universidade do Estado do Rio de Janeiro (UERJ), no curso de graduação em História. Professor Adjunto Credenciado do Programa de Pós-Graduação *Stricto Sensu* em Educação da Universidade Federal Fluminense (PPGE - UFF). Professor Adjunto do Programa de Pós-Graduação *Stricto Sensu* em Educação da Universidade Católica de Petrópolis (PPGE - UCP). Doutor em Educação pela Universidade Federal Fluminense (UFF), mestre em Educação pela Universidade do Estado do Rio de Janeiro (UERJ) e bacharel/licenciado em História pela Universidade Federal Fluminense (UFF). Pesquisador do Nufipe (Núcleo de Estudos e Pesquisas em Filosofia, Política e Educação). Coordenador do Observatório de História, Educação e Cultura da UCP (HECO - UCP), vinculado ao CNPq. Organizador das obras "Gramsci nos Trópicos: estudos gramscianos a partir de olhares latino-americanos" (2014) e "Educação e Filosofia da Práxis: reflexões de início de século" (2016), este em parceria com Pedro Silva.

O lugar do MST

Dos diversos sujeitos coletivos oriundos das lutas sociais por democracia no Brasil do último quartel do século XX, o MST é sem dúvida – dentre os que ainda existem efetivamente no horizonte político contemporâneo – aquele que menos se metamorfoseou em sua antítese, a despeito das inexoráveis e imprevisíveis transformações pelas quais passou nas últimas décadas. O Movimento dos Trabalhadores Rurais Sem Terra, fundado em janeiro de 1984, numa conjuntura de lutas pela abertura política, pelo fim do regime civil-militar instaurado em 1964 e de mobilizações operárias nas cidades, logrou ampliar-se "para mais" sem desvencilhar-se de seu chão popular e nacional, caudatário de inúmeras lutas históricas pela terra, tais como quilombolas, os movimentos messiânicos de Canudos e Contestado, as Ligas Camponesas, as pastorais etc.

Com o nascimento do MST surge a tarefa de construir um movimento de caráter nacional, cujos objetivos estavam bem traçados quando de sua criação, no I Encontro Nacional dos Sem Terra, em Cascavel (PR): as lutas pela terra, pela reforma agrária (e um novo modelo agrícola), por transformações na estrutura da sociedade brasileira e por um projeto de desenvolvimento nacional com justiça social.[140] O mais ambicioso movimento social da América Latina contemporânea, segundo o historiador britânico Eric Hobsbawm,[141] é ao mesmo tempo produto das contradições sociais do capitalismo agrário brasileiro e da política nacional antidemocrática mantida após o final da ditadura.

Elaborando sua ação política no seio mesmo desta contradição, o MST foi capaz (junto aos partidos, sindicatos, universidades,

---

140 Extraído de http://www.mst.org.br/. Acesso em janeiro de 2016.
141 Em epígrafe na quarta capa de Branford, Sue; Rocha, Jan. *Rompendo a cerca: a história do MST*. São Paulo: Casa Amarela, 2004.

igrejas, de quem se diferenciava ao mesmo tempo em que reproduzia muitas de suas práticas e sentidos)[142] de colocar num outro patamar a luta de classes no país e também as formas de representação da sociedade brasileira, renovando o pensamento social a partir do resgate de lutas, teorias e intérpretes ligados a cultura, educação, economia, religião, política, enquanto fortalecia e dilatava de forma democrática a esfera pública.

No tríplice embate para derrubar as cercas do latifúndio, da ignorância e do capital[143] o Movimento assumiu uma posição singular na cena política, articulando matrizes presentes em seus símbolos e vocabulário, tais como as lutas sociais populares no/do Brasil, o materialismo histórico, a Teologia da Libertação, as pedagogias progressistas, no sentido de se constituir como um movimento de massas vinculado concretamente aos problemas estruturais da nação, assumindo concomitantemente feições de partido (ação política), escola (formação), sindicato (organização), cooperativa (produção), espaço de cultura (mística). Em nenhum outro organismo da sociedade civil brasileira pós democratização os verbos agir, saber, resistir, produzir, puderam ser manejados de forma tão sintonizada como neste movimento que, não fortuitamente – num contexto de transformismos explícitos de PT, CUT e outros lugares de hegemonia –, sobrevive hoje ainda como alternativa popular, obviamente com tensões, divisões, cooptações, apassivamentos e ressignificações.

Entendemos que o principal movimento social brasileiro, sob os signos da insurgência e da resistência, na figura de seus militantes, de suas bases, de seus intelectuais, tem empreendido num cotidiano impregnado de memória, utopia, política, o esforço indicado por Paulo Freire em sua obra mais conhecida: estão se propondo

---

142 Exatamente por ser composto por muitos militantes e intelectuais oriundos destes espaços.
143 Stédile, João Pedro *apud* Branford; Rocha (2004). *Op. cit.*, p. 101.

a si mesmos como problema; descobrindo que poucos sabem e se inquietando por saber sempre mais, no constante e intenso questionamento de si e do mundo.[144]

Ao se colocarem como problema o "ser Sem Terra"[145] incrementam a espessura de sua práxis político-pedagógica,[146] resistindo de forma inventiva às dinâmicas hodiernas do capitalismo, em suas escalas nacional e internacional. Agindo publicamente há mais de três décadas não apenas como instrumento político, mas também como um importante sujeito pedagógico,[147] um sujeito educativo[148] partindo da educação popular, o MST consolidou o lugar de destacado intelectual orgânico coletivo ligado às classes populares, dilatando de forma sensível categorias e saberes: hegemonia, cultura, política, pedagogia.

Organizando uma "vontade coletiva nacional-popular"[149] papel do "moderno Príncipe" ou partido político revolucionário –, o Movimento dos Sem Terra vem elaborando uma molecular e incisiva reforma intelectual e moral, conceito que na obra do marxista sardo está intimamente ligado ao de vontade nacional e, logo, ao

---

144 Freire, Paulo. *Pedagogia do oprimido*. Rio de Janeiro: Paz e Terra, 2005, p. 31.
145 Como sinaliza Caldart (2001, p. 49), ao afirmar que ser Sem Terra hoje representa ser mais que um trabalhador ou trabalhadora despossuído da terra ou que luta por ela: "Sem Terra é uma identidade historicamente construída". A questão também está presente na matéria *A identidade cultural do ser Sem Terra*, de Geanini Hackbardt. Disponível em http://www.mst.org.br/2015/10/08/a-identidade-cultural-do-ser-sem-terra.html. Acesso em janeiro de 2016.
146 Semeraro, Giovanni. Construir a democracia popular: a fronteira mais avançada da educação. *In*: Torres, Artemis; Semeraro, Giovanni. *Sobre saberes, educação e democracia*. Cuiabá: UFMT, 2011, p. 66.
147 Caldart, Roseli. *Pedagogia do Movimento Sem Terra*. São Paulo: Expressão Popular, 2004. Posteriormente, Caldart vai reafirmar o MST como sujeito pedagógico, porém não mais defendendo o movimento social como princípio educativo, mas sim a luta social (Silva, 2005, p. 122).
148 Zibechi, Raúl. *La educación en los movimientos sociales*, 2005, p. 3. Disponível em http://bibliotecadigital.conevyt.org.mx/colecciones/documentos/Catedra_Andres_Bello/Agosto%202007/Lecturas/Zibechi.pdf . Acesso em janeiro de 2016.
149 Gramsci, Antonio. *Cadernos do cárcere*. Vol. 3. Rio de Janeiro: Civilização Brasileira, 2007, p. 18.

conceito de hegemonia.¹⁵⁰ *Paripassu* com a unificação em torno de si de uma série de lutas e bandeiras de diversos grupos sociais subalternos, conseguiu ocupar um espaço privilegiado no espectro da luta de classes no Brasil e na América Latina, sobrevivendo e amadurecendo nas lutas por democracia e direitos dos anos 1980, com os enfrentamentos antineoliberais dos anos 1990 e finalmente, aos transformismos da/na esquerda e à epidemia da pequena política na/da primeira década dos anos 2000 até hoje. Dos grandes sujeitos políticos que se sublevaram contra as elites nacionais após a Abertura (à exceção da soma dos partidos genuinamente de esquerda, pequenos em termos de volume territorial e força eleitoral) apenas o MST continua "na rua", com marchas e atos menos numerosos, mas também menos divulgados pelos canais da mídia burguesa.

Na perspectiva da esquerda, repensar os caminhos da organização política/social na atual conjuntura brasileira e continental, e fortalecer os aspectos formativos/educativos são tarefas inadiáveis.¹⁵¹ Nesta frente defendemos que o Movimento ocupa lugar de vanguarda, ao estabelecer pontes profícuas com inúmeras forças políticas dentro e fora do país, através de intercâmbios de ideias, pessoas, experiências, imprescindíveis para o rosto humano que o MST elaborou em sua práxis político-pedagógica cotidiana.

O pensamento social do MST

> *Os sem terra falam por nós, representam-nos.*
> *Não podemos protestar, pois temos medo de*
> *perder nossos empregos, assustados demais*
> *para nos levantarmos por nossos ideais,*
> *restringimo-nos a projetos pessoais. E, quando o*

---
150 Como afirma Coutinho (2009, p. 38), deve-se entender o conceito de vontade coletiva nacional-popular como uma nova hegemonia.
151 Bogo, Ademar. *Organização política e política de quadros*. São Paulo: Expressão Popular, 2011, p. 220.

MST protesta, todos nós nos sentimos felizes.
[Milton Santos]

Podemos dividir em cinco grandes eixos[152] as matrizes formadoras do que chamamos de "pensamento social do MST", que também são o nascedouro do movimento, sua gênese: (I) aspecto histórico-social; (II) aspecto educativo; (III) aspecto socioeconômico; (IV) aspecto ideológico e (V) aspecto político. O Movimento está presente em vinte e quatro Estados da Federação, nas cinco regiões do país e integra desde 2004, como um de seus fundadores, a Via Campesina.[153] É também o maior movimento social do continente, referência de luta para latino-americanos e povos de outros países, porque herdeiro da trajetória de luta de diversos movimentos, brasileiros e latino-americanos, surgidos desde o início da colonização, com diferentes bandeiras, líderes e características, mas tendo na defesa do direito à terra para quem nela trabalha o elemento basilar.

Desde as primeiras revoltas coloniais no Brasil, até os levantes populares do período das Regências, passando pelas rebeliões ocorridas no Império e pelos movimentos contestatórios da República em suas primeiras décadas, a história brasileira é profundamente marcada pelo conflito e pelo enfrentamento de setores populares, no campo e na cidade, com o poder estabelecido. Dos movimentos de matiz popular "sem nome" até aqueles que devido às lutas de homens e mulheres representam marcos da resistência popular no Brasil (Palmares, Conjuração Baiana, Confederação do

---

152 O primeiro e o segundo eixos foram inseridos por nós e os três outros tomamos emprestado da entrevista de Stédile a Mançano Fernandes em obra organizada por ambos (2012, p. 17; 21; 24), sendo estes analisados de forma detida no presente artigo.
153 De acordo com Adelar Pizetta, um dos intelectuais orgânicos do MST, a Via Campesina reúne movimentos sociais campesinos e indígenas de todo o mundo, buscando articulá-los internacionalmente, de acordo com as metamorfoses do capital e suas corporações, objetivando desenvolver novas formas de luta, nos vários movimentos existentes nos diversos países (Pizetta, 2007, p. 250).

Equador, Cabanagem, Malês, Quebra-Quilos, Canudos, Contestado, Vacina etc.), temos incontáveis exemplos da luta dos estratos sociais mais baixos contra as elites, por melhores condições de vida, pelo direito à terra, à liberdade, à soberania.

Obviamente, aqueles movimentos especificamente envolvidos na luta pela terra, a partir da segunda metade do século XX, "falaram" com mais força na criação do MST, representando antecedentes imediatos de sua luta, que tem início no final da ditadura de 1964: as Ligas Camponesas (1945-1947; 1954-1964), sobretudo; a Ultab - União de Lavradores e Trabalhadores Agrícolas do Brasil (1954-1962); o Master - Movimento dos Agricultores Sem Terra (1958-1964); a CPT - Comissão Pastoral da Terra (1975); a Igreja Evangélica de Confissão Luterana no Brasil (IECLB); e a Contag - Confederação Nacional dos Trabalhadores na Agricultura (1963), são alguns destes movimentos que antecederam o MST empunhando as bandeiras que a partir de 1984 encontrariam nele sua referência mais importante.

Assim, uma primeira matriz formadora do pensamento social do MST, o primeiro aspecto que citamos, fica evidente: as lutas por uma sociedade livre, justa, sem opressores e oprimidos, ecoadas por distintos projetos e combates populares do pretérito que não se apagaram com o tempo, ainda que o pensamento hegemônico tenha tido muito esmero na ocultação destes sujeitos e batalhas. Não se pode pensar o Movimento dos Sem Terra sem a perspectiva de que há impresso nele uma luta que também é pela memória das insurgências subalternas, majoritariamente reprimidas e finalizadas por forças repressivas das ordens vigentes. Este resgate da memória das sublevações do passado confere ao MST um lugar único no cenário político brasileiro, uma vez que esta recuperação se dá em sua práxis política e pedagógica, de uma maneira distinta daquela dos partidos políticos, sobretudo por serem bandeiras empunhadas pelas classes populares da sociedade brasileira, trabalhadores e militantes do campo e da cidade, cada vez menos presentes nas fileiras dos partidos tradicionais de esquerda e nos grandes sindicatos.

O aspecto educativo – segundo que elencamos aqui – merece atenção especial ao abordarmos elementos do pensamento social do MST. A educação, de todas as dimensões da luta dos Sem Terra, é sem dúvida aquela à qual se dedica mais atenção. Quando o Movimento faz uma ocupação a primeira barraca que instalam é a escola. Inúmeros autores, como Leher[154] e Zibechi,[155] afirmam que o MST protagoniza uma das experiências mais originais e ricas de autoformação, autopedagogia, formação política e educação popular em curso no Brasil e no continente, sendo provavelmente o movimento social latino-americano que tem trabalhado o tema da educação de forma mais intensa. Hoje, são mais de duas mil escolas de ensino infantil, fundamental e médio, totalizando mais de duzentos mil alunos (e mais de oito mil educadores) em todo país,[156] entre crianças, jovens e adultos, numa singular ação de conversão das escolas em espaços públicos.

As escolas do MST estão ancoradas em dois princípios básicos: desenvolver a consciência crítica do aluno com conteúdos que levem à reflexão e à aquisição de uma visão de mundo ampla e distinta dos discursos oficiais, e a transmissão da história e do significado da luta pela terra e pela reforma agrária, da qual resultou o assentamento onde está a escola e onde vivem. Em suma, a escola do MST é uma

---

154 Leher, Roberto. *O público como expressão das lutas sociais: dilemas nas lutas sindicais e dos movimentos sociais frente ao desmonte neoliberal da educação pública*, 2005. Disponível em http://www.formacaocontinuada.libertar.org/wp-content/uploads/2011/09/O-publico--como-express%C3%A3o-das-lutas-sociais.doc. Acesso em janeiro de 2016.
155 Zibechi, Raúl (2005). *Op. cit.*
156 Dados obtidos na *Revista Sem Terra* [Especial Educação] (MST, 2014, p. 4).

escola em movimento (assim como o MST também uma grande escola que sai do lugar), construída materialmente e simbolicamente pelos próprios assentados e pensada/desenvolvida a partir de suas demandas, sintonizada com elas.

Nos espaços educativos do Movimento temos a presença concreta de nomes paradigmáticos do pensamento social brasileiro, nos estudos, pesquisas, atividades coletivas, de uma forma crítica, não convencional, porém sempre contextualizada e partindo do diálogo entre biografia, obra e legado. A Escola Nacional Florestan Fernandes (ENFF),[157] fundada em 2005 e analisada em nossa tese de doutorado,[158] representa o *lócus* mais significativo do nexo entre o pensamento social produzido no país (por intelectuais como Darcy Ribeiro, Caio Prado Júnior, Florestan Fernandes, Celso Furtado, Paulo Freire) e o "ser Sem Terra", identidade que se confunde com tantas outras e que mantém com esta tradição crítica uma ligação de duplo sentido. Qual espaço de nossa sociedade civil nos dias de hoje tem sido capaz de articular, estudar e aplicar reflexões destes cânones da ciência/

---

[157] A Escola Nacional Florestan Fernandes (ENFF) foi fundada em 23 de janeiro de 2005 em São Paulo, no bairro Prateí da cidade de Guararema, região metropolitana localizada a 80km da capital. A construção da ENFF se deu entre 22/03/2000 e 23/01/2005, reunindo cerca de 1.000 pessoas (927 homens e 63 mulheres) de 112 assentamentos e 230 acampamentos, contabilizando 12 mil horas de trabalho e congregando 20 dos 23 estados onde o MST se faz presente. Sua campanha de construção se deu norteada por um enorme movimento de ampliar a dimensão coletiva do movimento, com a própria campanha se constituindo num curso de formação massiva. A criação da ENFF consolida um novo momento da história do MST, que na década de 1990 ampliou seus objetivos (como as Madres), lutando não apenas pelo direito a terra, mas também pelo direito à educação para os trabalhadores que vivem nas áreas rurais. A ENFF representa um marco na história da educação brasileira, sendo a iniciativa de maior amplitude forjada por um movimento social para construir sua autoformação. Corresponde a uma "universidade dos movimentos sociais", possuindo cursos de graduação e de pós-graduação em convênios com mais de 50 universidades públicas do país.
[158] Rebuá, Eduardo. *Da praça ao solo: um novo chão para a universidade. As experiências das universidades populares de Madres de Plaza de Mayo [UPMPM] e Movimento dos Trabalhadores Rurais Sem Terra [ENFF] em tempos de crise neoliberal na América Latina [2000-2010]*. Tese (Doutorado em Educação). Faculdade de Educação, Programa de Pós-Graduação em Educação, Universidade Federal Fluminense, 2015.

cultura nacional, ensinando de forma massiva e para as classes populares, ou seja, a partir de uma perspectiva popular? Nem partidos, nem sindicatos, nem ONGs, nem a própria universidade têm sido artífices de um projeto de tal monta, o que reforça o caráter estratégico – logo, hegemônico – do MST nos campos tanto da formação de quadros políticos, quanto da formação escolar e acadêmica.

Em relação ao terceiro aspecto ou terceira matriz, não se pode compreender o início do movimento e sua forma de pensar a sociedade sem analisar as transformações pelas quais a agricultura brasileira passou a partir sobretudo dos anos 1970, notadamente a modernização do/no campo, que mecanizou de maneira vertiginosa a lavoura do/no país. Tal processo foi chamado pelo professor José Graziano da Silva (1982)[159] de "modernização dolorosa", uma vez que a modernização das tecnologias (com a introdução da soja em larga escala) manteve a concentração da propriedade agrícola e a exclusão social. Esta agricultura "mais capitalista" implementada pelo regime civil-militar[160] expulsou rapidamente milhares de trabalhadores de suas terras. A mão de obra ou migrou para regiões de fronteira agrícola (especialmente para as regiões Norte e Centro-Oeste) ou se dirigiu para os centros urbanos, motivada pelo acelerado processo de industrialização. Ambos os caminhos eram problemáticos para os trabalhadores do campo: o primeiro

---

159 Graziano da Silva, José. *A modernização dolorosa*. Rio de Janeiro: Zahar Editora, 1982.
160 De acordo com Silva (2005, p. 89): "um dos projetos da ditadura militar [...] foi o desenvolvimento capitalista no campo, marcado pela mecanização da agricultura, pela apropriação de terras realizada por empresas nacionais e estrangeiras e pela expulsão massiva de trabalhadores das terras onde viviam e trabalhavam. O Estado delimita como prioridade de sua ação política as empresas capitalistas e os grandes latifundiários, privilegiando a pecuária extensiva e produtos específicos de exportação, assim como certas regiões do país. A agricultura brasileira herda deste projeto a dependência do modelo agrícola imposto por empresas multinacionais e a intensificação da concentração de terras e de riqueza. [...] O Estado apresentava para os trabalhadores expropriados duas opções de vida: o caminho da cidade ou o caminho da fronteira agrícola. Em verdade, ambas se reduziam a uma mesma saída: a porta da migração. Entretanto, alguns trabalhadores decidiram por outra saída: a luta pela terra".

representava a ocupação de terras distantes e sem vocação para a agricultura familiar, onde a pecuária recebia grande estímulo do governo; o segundo significava tentar sobreviver como trabalhador da indústria ou do comércio (formal/informal), num ambiente hostil e com alto custo de vida para os lavradores.

De uma forma panorâmica e com ênfase nos últimos quarenta anos – um pouco antes do nascimento do MST –, é imprescindível compreendermos o Movimento como resultado do crescimento do processo de modernização conservadora do campo ocorrido nas décadas de 1970/1980, fundamentado na aliança Estado--capital-latifúndio. Uma modernização inserida no conjunto das relações capitalistas nas regiões periféricas, caracterizadas como capitalismo dependente por Florestan Fernandes (1973),[161] ou em outras palavras, como uma forma do desenvolvimento capitalista. A partir destas quatro últimas décadas é possível dizer que surgem *"muitas agriculturas brasileiras"*,[162] tanto por sua diferenciação regional no país, quanto pelo tipo de inserção (dentro de uma mesma região) dos produtos e/ou pelo tipo de articulação entre os capitais presentes nessa agricultura.

Se a luta pela terra é fundamentalmente um problema de classe, fica claro que o atual contexto histórico-estrutural do/no campo brasileiro tem garantido cada vez mais o projeto das classes hegemônicas e adiado vigorosamente as demandas das classes populares que vivem no campo (trabalhadores assalariados, temporários, arrendatários, posseiros, Sem Terra), sendo capaz de manter a convivência de formas arcaicas de trabalho com novas morfologias de acumulação, num padrão (agronegócio) que

---

161 Fernandes, Florestan. *Capitalismo dependente e classes sociais na América Latina*. Rio de Janeiro: Zahar, 1973.
162 O desenvolvimento do capitalismo no campo brasileiro e a reforma agrária. In: Stédile, João Pedro (Org.). *A questão agrária no Brasil: o debate na década de 1990*. São Paulo: Expressão Popular, 2013, p. 163-170.

possui como premissas básicas em seu processo de expansão: a robusta concentração da riqueza fundiária; a usurpação de recursos naturais; a desocupação relativa e a superexploração do trabalho assalariado.[163]

Compreendemos que, no Brasil, a decisão de não fazer a reforma agrária responde a uma razão de Estado e aos objetivos hegemônicos das frações burguesas mais fortes, que entendem a importância estratégica do latifúndio como um alicerce inegociável do padrão de acumulação/dominação do/no capitalismo brasileiro.[164] Se no apogeu das lutas do MST (no primeiro governo de FHC, entre 1995 e 1998) a média do número de famílias assentadas foi 15% inferior à média do número de famílias em ocupações, no último governo de Lula (entre 2007 e 2010) esta relação saltou para incríveis 72%, indicando uma redução de quase sete vezes no número de famílias assentadas. Como salienta o economista, o objetivo da reforma agrária de feição neoliberal nunca foi alterar a estrutura fundiária do país, mas adiar o problema, evitando os riscos de revoltas no campo. O pensamento social do MST em relação à questão agrária, a despeito desta dialética mudança-permanência nas políticas e na economia, conseguiu manter um "núcleo duro" de crítica, capaz de incorporar em torno de si novos/outros elementos. A luta por uma reforma agrária ampla e popular; a crítica da concentração da renda e da terra; a denúncia da desigualdade e da miséria; a defesa da soberania alimentar; os embates contra a financeirização e a "estrangeirização" do campo; a construção de um projeto político popular para o país; o alerta para o avanço assustador dos agrotóxicos e transgênicos, são algumas batalhas importantes dos Sem Terra neste âmbito.

---

163 Delgado, Guilherme *apud* Sampaio Jr., Plínio de Arruda. Notas críticas sobre a atualidade e os desafios da questão agrária. *In: A questão agrária no Brasil: debate sobre a situação e perspectivas da reforma agrária na década de 2000.* São Paulo: Expressão Popular, 2013, p. 217.
164 Sampaio Jr. (2013). *Op. cit.*, p. 226.

No que tange ao quarto aspecto, é possível identificar algumas fontes fundamentais. No âmbito da religião, a CPT (Comissão Pastoral da Terra), surgida em Goiânia (GO) em 1975, e a IECLB (Igreja Evangélica de Confissão Luterana no Brasil), de matriz alemã e muito forte na região Sul do Brasil, são as referências mais evidentes. A CPT, sobretudo, teve um papel central na gênese do MST e no desenho de seu pensamento social, uma vez que foi responsável (com destaque para as regiões Norte e Centro-Oeste, com altos índices de violência no campo) pela reorganização das lutas camponesas, ainda durante os "anos de chumbo". A CPT representa uma autocrítica da Igreja Católica em relação ao apoio de muitos de seus setores ao golpe de 1964. Estes bispos, padres e agentes de pastoral vão atuar em diversas regiões (a CPT se espalha pelo país a partir de 1976) contra o modelo de modernização agrícola implementado pelos militares.

A CPT foi fundamental para o êxito do MST em seu processo de formação, principalmente em dois âmbitos: organização e unidade, dois elementos inegociáveis de sua forma de pensar as questões sociais. A atuação dos padres, pastores, agentes pastorais, religiosos, em sintonia com as encíclicas progressistas daquele momento,[165] ensinavam e conscientizavam os camponeses sobre a necessidade de eles se organizarem e de lutarem pelo "pão de cada dia" aqui, agora, na terra em que vivem. A vocação ecumênica da CPT, que foi a aplicação da Teologia da Libertação[166] na prática,

---

[165] Com destaque para o Concílio Vaticano II, convocado em 1961 sob o lema "Humanae Salutis" ("Sáude Humana").

[166] Corrente pastoral das igrejas cristãs que compreende agentes de pastoral, padres e bispos progressistas que constroem prática orientada para a realidade social. Tal corrente se notabilizou uma vez que, do ponto de vista teórico, aproveitou os ensinamentos sociais da Igreja a partir do Concílio Vaticano II. A maioria de seus precursores é latino-americana. Ao mesmo tempo, como afirmam Stédile; Mançano Fernandes (2012, p. 22), "incorporou *metodologias analíticas da realidade desenvolvidas pelo marxismo. Dessa corrente surgiram diversos pensadores importantes, entre eles padre Gutierrez, no Peru; Clodovis Boff e Leonardo Boff, Hugo Asmann, do Brasil*".

também foi fundamental para a unidade do MST em seu início, uma vez que ela aglutinava ao seu redor a Igreja Luterana, evitando uma divisão católicos-protestantes que seria danosa para os objetivos do movimento naquele momento histórico. A CPT tem participação direta no caráter nacional e unitário do movimento, além da presença explícita na elaboração molecular e complexa do pensamento social do MST.

A influência da Igreja nutre relação direta com a existência da mística, prática simbólica, ritualística e sintonizada com horizontes de solidariedade e esperança. Com o passar do tempo a mística foi se diversificando, assimilando uma estética não apenas religiosa, mas sobretudo política; deixando de ser algo mecânico para dialogar com o *ethos* dos Sem Terra, com o "ser Sem Terra", e reorganizando palavras, atos, símbolos. Para Bogo,[167] desde o final do século passado os movimentos de base popular foram ousadamente assumindo a mística, conferindo a ela um sentido próprio, no movimento de construção de coesão, unidade, onde o agir não estivesse jamais desvencilhado do sentir. Articulando música, teatro, religião, política, educação, a mística desempenha papel primordial no seio do MST, trabalhando com distintas temporalidades e mudando conforme muda a própria instituição.

Outra fonte inegável do Movimento é o socialismo, pela via do materialismo histórico – um dos pilares formadores desta entidade popular, pelo vínculo orgânico de seus fundadores e pelas incontáveis influências recebidas de espaços de matiz marxista –, uma vez que o embate maior, o horizonte ético-político do MST é a luta contra o capitalismo e todas as suas formas de opressão, notadamente aquelas que têm relação direta com o campo (entendendo

---

167 Bogo, Ademar. Mística. *In*: Caldart, Roseli S.; Pereira, Isabel B.; Alentejano, Paulo; Frigotto, Gaudêncio (Orgs.). *Dicionário da Educação do Campo*. Rio de Janeiro, São Paulo: Escola Politécnica de Saúde Joaquim Venâncio, Expressão Popular, 2012, p. 477.

a luta pela reforma agrária como parte orgânica dos embates contra o capitalismo), com a vida das classes populares, com os projetos libertários de construção de homens e mulheres novos: a emancipação humana frente ao capital. Em suas escolas, na ENFF (que recebe o nome de um dos maiores intelectuais socialistas do Brasil), nos documentos, materiais, há de maneira explícita a referência teórica, simbólica, política, de nomes e bandeiras socialistas, em consonância com a estratégia contra-hegemônica do MST, como grande movimento radical[168] que é. O socialismo não corresponde a uma força unívoca em seu interior, mas a um amálgama de importância central, tendo em vista o caráter antissistêmico deste intelectual coletivo que conferiu à preposição "sem" um sentido capaz de transpor as fronteiras da luta pela terra no Brasil e se expandir para outras esferas de luta: sem teto, sem água, sem educação, sem liberdade etc.

O quinto e último aspecto é o político, ou a situação política do momento em que surge o MST, que criou marcas inapagáveis em suas formas de luta e, logo, em seu pensamento social. Não se pode separar o nascimento do movimento e suas formas de reflexão social do contexto histórico da época, ou seja, ou MST não é formado a partir apenas de demandas internas (camponesas), mas da articulação dialética entre a luta pela terra no Brasil e o início dos anos 1980, quando a ditadura apresentava profundos desgastes e a perda do consenso de setores distintos da sociedade civil, ao mesmo tempo em que as greves operárias de fim dos anos 1970, com destaque para o ABCD paulista, retomavam o ímpeto de luta dos trabalhadores da cidade. Três anos antes da fundação do MST, em 1981, ocorreu um importante fato que foi a concentração realizada na Encruzilhada Natalino, em Ronda Alta (RS), na data de 25 de

---

168 Candido, Antônio. O legado de Florestan Fernandes. *In: ENFF. A política de formação de quadros [Caderno 1]*. ENFF: Guararema, SP: 2007, p. 22.

julho, Dia do Trabalhador Rural. Neste acampamento estiveram presentes não apenas Sem Terra gaúchos, mas também paulistas, catarinenses e paranaenses, além de representantes da CPT (com destaque para dom Tomás Balduíno) e da Contag.

Dois anos antes, em 1979, outra ocupação histórica indicava que a luta pela terra no Brasil começava a ganhar nova força: cento e dez famílias ocuparam a Fazenda Macali, no Rio Grande do Sul, pertencente à Fazenda Sarandi, também no município de Ronda Alta (RS). A Macali correspondia a uma área pública grilada durante a ditadura pela empresa Madeireira Carazinho Ltda. Macali foi uma trincheira importante, não pelo espaço geográfico conquistado, mas porque foi uma vitória, com grande repercussão: foi a primeira luta "na prática". Em pleno governo Figueiredo (1979-1985), distintos setores da sociedade civil declaravam sua adesão e apoio à luta pela reforma agrária, ao mesmo tempo em que criticavam abertamente o regime. A luta pela democratização do país e contra a ditadura militar criou as condições necessárias para o surgimento do MST.

A capacidade política do Movimento – formadora de uma visão social plural, democrática, aberta e integradora –, que sofreu reveses e mudanças ao longo dos últimos tempos, não perdeu o potencial de singularidade diante dos demais espaços contra-hegemônicos da sociedade brasileira, sendo importante ainda hoje em todos os projetos de matiz popular erigidos contra a dominação burguesa. Segundo Stédile; Mançano Fernandes,[169] "foi o MST [...] que cristalizou a luta de massas como uma necessidade. 'Esse negócio de assembleia, de abaixo-assinado para o governo, de audiência, isso não resolve', era o que pensávamos".

---

169 Stédile, João Pedro; Mançano Fernandes, Bernardo. *Brava gente: a trajetória do MST e a luta pela terra no Brasil*. São Paulo: Expressão Popular; Fundação Perseu Abramo, 2012, p. 52.

Em síntese, podemos dizer que o pensamento social do MST, fruto de sua trajetória e dos contextos que vivenciou e vivencia, articula-se em torno de temas fulcrais como lutas sociais históricas, educação popular (básica e superior), economia, ideologia e política. Destas fontes múltiplas que se relacionam emergem dois elementos que entendemos como centrais na caracterização da forma de pensar do Movimento e também na demarcação daquilo que é primordial desde seu início: (I) a democracia, este processo de luta contra a privatização das formas de vida, da felicidade,[170] dos saberes e práticas; e (II) a defesa da dimensão pública da vida social, de sua ampliação em todas as frentes (educação, produção, cultura, trabalho, direitos, política etc.), cientes de que esta dilatação da esfera pública só pode ser assumida pelos movimentos e partidos populares,[171] com os primeiros levando vantagem sobre os últimos, no atual contexto de reconfigurações hegemônicas no neoliberalismo mundo afora, com destaque para estas terras do Sul.

O solo da experiência

> *Todo sinal de iniciativa autônoma da parte dos grupos subalternos deveria, portanto, ser de valor inestimável para o historiador integral.*
> [Antonio Gramsci]

No multifacetado, amplo e imprescindível pensamento social do Movimento dos Sem Terra identificamos no par luta por democracia/construção do público uma base sólida que nos permite compreender de forma clara o legado deste movimento gigante que tem sobrevivido aos governos (mais progressistas ou

---
170 Rancière, Jacques. *O ódio à democracia*. São Paulo: Boitempo, 2014, p. 72.
171 Leher, Roberto. Movimentos sociais, democracia e educação. *In:* Fávero, Osmar; Semeraro, Giovanni (Orgs.). *Democracia e construção do público no pensamento educacional brasileiro*. Petrópolis, RJ: Vozes, 2002, p. 187-211; p. 204.

menos progressistas), crises (internas e externas), sepultamentos (sobretudo pela grande mídia e pelo senso comum), subestimações (principalmente as acadêmicas). Defendemos que, na atual conjuntura (quando o capital parece não ter deixado nenhum território descoberto: escola, agricultura, formas de trabalho, expressões da cultura, universidade, saúde etc.), as experiências mais sensíveis, mais enraizadas no conjunto do Movimento – sobretudo na militância, mas também em suas bases, em seus apoiadores, colaboradores, entusiastas – são exatamente estas que apontamos: a experiência democrática e a experiência de vivência da dimensão pública da vida em sociedade. Estas duas frentes têm unificado, nas últimas décadas, os aspectos organizativos e formativos do Movimento, ensinando às demais esferas do espectro político nacional alguns caminhos a serem percorridos pelas forças contra-hegemônicas.

Em nossa tese,[172] reivindicamos o conceito de experiência em Walter Benjamin a partir de dois de seus mais conhecidos escritos: *Experiência e pobreza* (1933) e *O narrador* (1936).[173] Estes seminais textos podem ser definidos como dois tratados distintos, porém complementares sobre a experiência. Enquanto o primeiro, mais detido ao tema, aborda o empobrecimento da experiência enquanto legado e partilha,[174] o segundo cuida do isolamento entre as pessoas, com a gradual extinção da arte de narrar.[175] Os dois trabalhos (que juntos não passam de trinta páginas) diagnosticam de forma precisa um dos males de nosso tempo – para além da primeira metade do século passado

---

172 Rebuá, Eduardo (2015). *Op. cit.*
173 Esmiuçados e debatidos de forma detida no trabalho citado.
174 Benjamin, Walter. Experiência e pobreza. *In: O anjo da história*. Belo Horizonte: Autêntica Editora, 2012, p. 85-86.
175 Benjamin, Walter. O narrador. Considerações sobre a obra de Nikolai Leskov. *In: Magia e técnica, arte e política: ensaios sobre literatura e história da cultura* (Obras escolhidas, v. 1). São Paulo: Editora Brasiliense, 1987, p. 197.

–, dilatando o conceito de experiência, contra seu uso redutor. Nas duas intervenções a observação "clínica" de Benjamin sobre a perda da experiência não se altera, pois há um vínculo semântico-ideológico entre ambas, mas sobretudo, porque há uma dialética fina entre elas: a sociedade capitalista moderna anula as condições de realização da transmissão plena de experiências, o que afeta diretamente a capacidade (arte) de narrar, que não pode prescindir desta transmissão.

Analisando os diversos trabalhos que, de forma mais dedicada ou menos interessada, trabalham o tema da experiência em Benjamin, identificamos de forma implícita, em alguns textos, indícios de/para uma possível releitura do conceito, que, apesar de não estar presente nos autores estudados – mesmo em seus intérpretes mais importantes, como Jeanne Marie Gagnebin (1999)[176] e Leandro Konder (1999)[177] –, é perfeitamente sintonizada com a perspectiva benjaminiana da *Erfahrung* (experiência). Tais pistas nos levaram a defender que a experiência em Benjamin pode ser compreendida como um processo – complexo, dinâmico, dialeticamente individual e coletivo – de construção de sentidos.

Em meio às ruínas do mundo capitalista – catástrofe permanente, imortalizada em sua *IX Tese Sobre o conceito de História (1940)* – está o escombro da experiência, o que restou dela. A catástrofe permanente sepulta não apenas os homens e mulheres, os jovens e os velhos, o passado e o presente, mas leva consigo também a capacidade de partilharmos saberes, práticas, subjetividades, sentimentos, mas sobretudo, nossa capacidade de conferir sentido ao que nos acontece. Nossa "pobreza", efeito direto

---

176 Gagnebin, Jeanne Marie. *História e narração em Walter Benjamin*. São Paulo: Editora Perspectiva, 1999.
177 Konder, Leandro. *Walter Benjamin: o marxismo da melancolia*. Rio de Janeiro: Civilização Brasileira, 1999.

da nova barbárie cotidiana do mundo forjado pela burguesia à sua imagem e semelhança, é principalmente uma pobreza da experiência, da capacidade de construir sentidos sobre o real. Mais uma vez, é a frase paradigmática de Benjamin a fotografia precisa de nossa época: "Na verdade, de que nos serve toda a cultura se não houver uma experiência que nos ligue a ela?"[178] E acrescentaríamos: de que vale toda a cultura se ela não "fizer sentido"?

Elaborar experiência em Benjamin significa construir, compartilhar e recuperar sentidos sobre a própria existência e sobre o mundo. Em sua abordagem sobre a educação[179] defende que é possível pensar no par *"experiência/sentido"* quando da análise e do uso deste conceito tão caro ao pensamento benjaminiano. Por sua vez, Konder[180] entende que para o marxista alemão era imperioso desenvolver um conceito superior de experiência, capaz de fugir da abstratividade da oposição entre sujeito e objeto; "um conceito de experiência capaz de corresponder às necessidades humanas de uma existência plena de sentido". Em seus escritos sobre Goethe o próprio Benjamin aborda o vínculo entre experiência e sentido, quando afirma que "a experiência é carente de sentido e espírito apenas para aquele já desprovido de espírito".[181]

É importante frisar que a experiência benjaminiana está voltada para o coletivo,[182] numa dialética entre o homem e o mundo, norteada pelo contexto social e pelas condições materiais e subjetivas de cada época histórica. E se a experiência é coletiva, logo, a

---

178   Benjamin, Walter (2012). *Op. cit.*, p. 86.
179   Mitrovitch, Caroline. *Experiência e formação em Walter Benjamin*. São Paulo: UNESP, 2011, p. 22.
180   Konder, Leandro (1999). *Op. cit.*, p. 26.
181   Benjamin, Walter. *Ensaios reunidos: escritos sobre Goethe*. São Paulo: Duas Cidades: Editora 34, 2009, p. 23.
182   Mitrovitch, Caroline. *Experiência e formação em Walter Benjamin*. São Paulo: UNESP, 2011, p. 126-127.

construção de sentidos é, fundamentalmente, também um processo coletivo, assim como difuso, irregular, multifacetado e histórico. Falamos de sentidos, no plural, como significações, individuais e/ou coletivas, concepções de mundo, impressões sobre o mundo, desenvolvidas e ressignificadas cotidianamente a partir da(s) experiência(s) partilhada(s) com o(s) outro(s), mas abertas e não fechadas como "fim": o sentido como o "sendo" (processo).

Se a história é abertura e não fechamento e se a experiência não desapareceu da face da Terra, mesmo com sua cotação cada vez mais baixa, é possível afirmarmos que há em Benjamin a defesa incisiva da abertura de sentido sobre as temporalidades humanas (passado, presente e futuro) e, logo, das novas significações sobre o mundo. Reconstruir o sentido da *Erfahrung* em meio a um cotidiano fragmentário e aparentemente sem sentido é obrigatoriamente restituir a capacidade de dar sentido e acrescentar significação à existência, tendo em vista que a História é construção de sentidos que se cruzam no presente, sentidos que não se localizam apenas nos sujeitos (isolados), na realidade concreta ou no imaginário/simbólico, mas nesta articulação.

As experiências (complexas, contraditórias, mas sobretudo transgressoras) do MST não apenas colocam no centro o conceito-experiência (renovando e afinando o instrumental teórico marxista), mas ressignificam a forma como pensamos a experiência em nosso cotidiano. Compreender a experiência como construção de novos/outros sentidos; como a elaboração coletiva de "pontes" que nos liguem à cultura; como a tessitura de histórias/narrativas que significam algo porque são elaboradas de forma partilhada, pelos grandes-pequenos criadores implacáveis de todas as horas, que recomeçam a todo momento o ciclo do novo apesar das "bombas-relógio" das novas formas de barbárie que amedrontam e dilaceram. Tudo isso representa a defesa intransigente e otimista da inventividade, da capacidade humana de construir uma existência plena de sentido, mesmo na contramão.

Qual outro espaço da sociedade civil brasileira contemporânea tem, de forma massiva e junto às classes populares, reelaborado formas de narrativa, renovado experiências coletivas em distintos âmbitos da vida social, recriado epistemes e sentidos outros nas práticas educativas, recuperado elementos da cultura popular (tão caros àqueles/àquelas vilipendiados pela História), reorganizado a vontade coletiva nacional-popular na insistência em perguntar as perguntas que poucos têm coragem de fazer? Que organização de política, cultura, educação tem sido capaz de manejar os temas da democracia e da esfera pública de forma tão concreta quanto o MST? Existe outro sujeito coletivo no país que tenha positivado o que Semeraro[183] chama de "público popular", ou seja, o somatório das práticas sociais que elaboram uma "comunidade ético-política onde se superam concretamente as injustiças, a exploração, a exclusão e se reparte o trabalho, a produção, a distribuição de bens do planeta, o acesso igualitário ao conhecimento"?

Em seus trinta e dois anos de trajetória, o Movimento dos Sem Terra assumiu um lugar inquestionável de "falar por nós", como afirma Milton Santos na epígrafe que utilizamos anteriormente. Se esta representação de fala não dá conta de todas as vozes existentes e se tampouco é uma voz que não se altera no espaço e no tempo, ainda assim possibilita avanços vários nas políticas de Estado, seja em relação à educação ou à produção do/no campo, sob perspectivas contra-hegemônicas, lastreadas pela

---

183 Semeraro, Giovanni. Recriar o público pela democracia popular. *In:* Fávero, Osmar; Semeraro, Giovanni (Orgs.). *Democracia e construção do público no pensamento educacional brasileiro.* Petrópolis, RJ: Vozes, 2002, p. 222.

experiência (compartilhada, documentada, sentida, difundida) cotidiana de um Movimento que atua no sentido oposto do panorama desenhado por Benjamin. A(s) experiência(s) do MST estão umbilicalmente ligadas à política, à transformação social, a uma concepção de democracia popular que é devir, concretude, conflito, abertura, partilha. No mundo que temos, confuso e percebido confusamente,[184] toda sublevação democrática e radical contra as formas mutiladoras das democracias vigentes assume um papel estratégico de trincheira e de agente educativo, permitindo que a correlação de forças entre dominantes e dominados não tenha como desfecho a vitória dos primeiros.

O público, os direitos de todo o povo, resultado da luta de classes,[185] tem sido defendido pelo MST de maneira única, no campo da cultura, da educação, dos direitos, do trabalho, da produção. Numa relação com o Estado que não ocorre sem cooptações, conflitos, derrotas (principalmente em relação à luta pela terra, à persistência do latifúndio, à ofensiva quase sem limites do agronegócio), os Sem Terra ainda ocupam um espaço de autonomia (menor em relação aos anos 1990, sem dúvida) importante no contexto do "lulismo/petismo" (2003-2012). Sem dúvida são enormes as encruzilhadas do atual momento e os efeitos danosos do transformismo de amplos setores da esquerda, em sua maioria nascidos juntos do MST. Falta, como afirma Sampaio Jr.,[186] dentre vários outros aspectos, uma maior unidade em torno da bandeira da reforma agrária, mesmo com o Movimento conseguindo mobilizar um grande contingente de trabalhadores em todas as regiões do país. Urge amalgamar a luta pela reforma agrária com a luta pela revolução brasileira, salienta o intelectual.

---

184 Santos, Milton. *Por uma outra globalização: do pensamento único à consciência universal*. Rio de Janeiro: Record, 2010, p. 17.
185 Leher, Roberto (2005). *Op. cit.*, p. 2.
186 Sampaio Jr. (2013). *Op. cit.*, p. 169.

Por sua vez, Zibechi[187] chama a atenção para o fato de que mesmo com todos os percalços, o MST ainda persiste na luta,[188] vencendo dificuldades e abrindo novas frentes de ação.

Como apontávamos, o MST tem mostrado um caminho possível em direção a experiências efetivamente democráticas e espaços/sentidos concretamente públicos. Em sua recriação da democracia e da dimensão pública, os Sem Terra constroem uma práxis em que a política, a história e o conhecimento não são dicotomizados, pensados de forma apartada, mas considerados como o lugar de formação de sujeitos críticos e ativos, fatores de autodeterminação e hegemonia.[189] Se o MST "*é um dos poucos que têm resistido a essa formidável pressão anuladora e destrutiva do neoliberalismo*"[190] é exatamente porque tem ampliado o espaço do conflito, da política, da contra-hegemonia, tendo como horizonte tanto a democracia popular quanto a construção do público repensado sob bases populares, insurgentes, plurais.

Recuperando Benjamin, esta ligação necessária com a cultura no Brasil de nosso tempo tem sido possível graças a uma série de sujeitos, saberes, práticas, individuais e coletivas. Destas "conexões",

---

187 Zibechi, Raúl. *Brasil potência: entre a integração regional e um novo imperialismo*. Rio de Janeiro: Consequência, 2012, p. 321.
188 No mesmo mês de elaboração deste artigo – janeiro de 2016 –, o Movimento apresentou um documento de suma importância, a Carta de Caruaru, sintetizando a partir da Coordenação Nacional, os desafios e tarefas colocados pela atual conjuntura. Destacamos o final do documento, de cerca de duas páginas: "[...] Iremos, em 2016, voltar às ruas contra forças imperialistas, a direita partidária, o conservadorismo do Congresso Nacional, o oligopólio da mídia, os setores reacionários e golpistas incrustados no aparato estatal. Estes querem fazer o país retroceder nas conquistas democráticas já obtidas, nos direitos trabalhistas conquistados e no avanço das políticas econômicas que reduzem a desigualdade social. Será um ano de muitas lutas e de superação de desafios na construção da unidade da classe trabalhadora, do reascenso das lutas populares, da solidariedade com todos os povos em lutas e na construção de um projeto político popular para o nosso país". Disponível em http://www.mst.org.br/2016/02/02/mst-estamos-entrando-num-novo-periodo-historico-da-luta-de-classes.html. Acesso em janeiro de 2016.
189 Semeraro, Giovanni. *Para uma teoria do conhecimento em Gramsci*. 2000, p. 1. Disponível em http://www.acessa.com/gramsci/?id=284&page=visualizar. Acesso em janeiro de 2016.
190 Oliveira, Francisco de *apud* Caldart, Roseli (2004). *Op. cit.*, p. 31.

defendemos que o Movimento dos Trabalhadores Rurais Sem Terra ocupa um posto de destaque, compreendendo e disseminando uma concepção de experiência que é sentido, mapa e horizonte. Se nas escolas, famílias, partidos, universidades, igrejas, o empobrecimento e a perda da experiência, da capacidade de (auto) narrar tem se dado de forma visível, é nos movimentos populares – seja no México zapatista, na Argentina *piquetera*, na Bolívia *cocalera*, no Brasil Sem Terra – que tem se gestado, na articulação entre novidade e coisas antigas, um pensamento social que não se cristaliza apenas nos livros e nos intelectuais, mas que existe enquanto práxis (política, pedagógica, cultural) e proposta democrático-pública de um mundo que não seja partido, porque capaz de repartir suas pessoas, pensamentos e lutas.

Referências bibliográficas

BENJAMIN, Walter. O narrador. Considerações sobre a obra de Nikolai Leskov. In: *Magia e técnica, arte e política: ensaios sobre literatura e história da cultura* (Obras escolhidas, v. 1). São Paulo: Editora Brasiliense, 1987, p. 197-221.

_____. *Ensaios reunidos: escritos sobre Goethe*. São Paulo: Duas Cidades: Editora 34, 2009.

_____. Experiência e pobreza. In: *O anjo da história*. Belo Horizonte: Autêntica Editora, 2012, p. 83-90.

BOGO, Ademar. *Organização política e política de quadros*. São Paulo: Expressão Popular, 2011.

_____. Mística. In: CALDART, Roseli S.; PEREIRA, Isabel B.; ALENTEJANO, Paulo; FRIGOTTO, Gaudêncio (Orgs.). *Dicionário da Educação do Campo*. Rio de Janeiro, São Paulo: Escola Politécnica de Saúde Joaquim Venâncio, Expressão Popular, 2012, p. 473-477.

BRAGA, Ruy. *A política do precariado: do populismo à hegemonia lulista*. São Paulo: Boitempo: USP, 2012.

BRANFORD, Sue; ROCHA, Jan. *Rompendo a cerca: a história do MST*. São Paulo: Casa Amarela, 2004.

CALDART, Roseli. *Pedagogia do Movimento Sem Terra*. São Paulo: Expressão Popular, 2004.

CANDIDO, Antônio. O legado de Florestan Fernandes. *In*: ENFF. *A política de formação de quadros [Caderno 1]*. ENFF: Guararema, SP: 2007, p. 17-22.

COUTINHO, Carlos Nelson. O conceito de vontade coletiva em Gramsci. *In: Revista Katálysis*, Florianópolis, v. 12, nº 1, p. 32-40, jan/jun, 2009.

FERNANDES, Florestan. *Capitalismo dependente e classes sociais na América Latina*. Rio de Janeiro: Zahar, 1973.

FREIRE, Paulo. *Pedagogia do oprimido*. Rio de Janeiro: Paz e Terra, 2005.

GAGNEBIN, Jeanne Marie. *História e narração em Walter Benjamin*. São Paulo: Editora Perspectiva, 1999.

GRAMSCI, Antonio. *Cadernos do cárcere*. Vol. 3. Rio de Janeiro: Civilização Brasileira.

GRAZIANO DA SILVA, José. *A modernização dolorosa*. Rio de Janeiro: Zahar Editora, 1982.

_____. O desenvolvimento do capitalismo no campo brasileiro e a reforma agrária. *In*: STÉDILE, João Pedro (Org.). *A questão agrária no Brasil: o debate na década de 1990*. São Paulo: Expressão Popular, 2013, p. 163-170.

KONDER, Leandro. *Walter Benjamin: o marxismo da melancolia*. Rio de Janeiro: Civilização Brasileira, 1999.

LEHER, Roberto. Movimentos sociais, democracia e educação. *In*: FÁVERO, Osmar; SEMERARO, Giovanni (Orgs.). *Democracia e construção do público no pensamento educacional brasileiro*. Petrópolis, RJ: Vozes, 2002, p. 187-211.

LEHER, Roberto. O público como expressão das lutas sociais: dilemas nas lutas sindicais e dos movimentos sociais frente ao desmonte neoliberal da educação pública, 2005. Disponível em http://www.formacaocontinuada.libertar.org/wp-content/uploads/2011/09/O-publico-como-express%C3%A3o-das-lutas-sociais.doc. Acesso em janeiro de 2016.

MITROVITCH, Caroline. *Experiência e formação em Walter Benjamin*. São Paulo: UNESP, 2011.

MST. *Revista Sem Terra [Especial Educação]: Da educação infantil à universidade*. São Paulo: MST, 2014.

PIZETTA, Adelar. A formação política no MST: um processo em construção. *In: Revista OSAL*. Buenos Aires: CLACSO, Ano VIII, n° 22, set. 2007, p. 241-250.

RANCIÈRE, Jacques. *O ódio à democracia*. São Paulo: Boitempo, 2014.

REBUÁ, Eduardo. *Da praça ao solo: um novo chão para a universidade. As experiências das universidades populares de Madres de Plaza de Mayo [UPMPM] e Movimento dos Trabalhadores Rurais Sem Terra [ENFF] em tempos de crise neoliberal na América Latina [2000-2010]*. Tese (Doutorado em Educação). Faculdade de Educação, Programa de Pós-Graduação em Educação, Universidade Federal Fluminense, 2015.

SAMPAIO JR., Plínio de Arruda. Notas críticas sobre a atualidade e os desafios da questão agrária. *In: A questão agrária no Brasil: debate sobre a situação e perspectivas da reforma agrária na década de 2000*. São Paulo: Expressão Popular, 2013, p. 189-240.

SANTOS, Milton. *Por uma outra globalização: do pensamento único à consciência universal*. Rio de Janeiro: Record, 2010.

SEMERARO, Giovanni. *Para uma teoria do conhecimento em Gramsci*, 2000. Disponível em http://www.acessa.com/gramsci/?id=284&page=visualizar. Acesso em janeiro de 2016.

SEMERARO, Giovanni. Recriar o público pela democracia popular. *In*: FÁVERO, Osmar; SEMERARO, Giovanni (Orgs.). *Democracia e construção do público no pensamento educacional brasileiro.* Petrópolis, RJ: Vozes, 2002, p. 213-223.

_____. Construir a democracia popular: a fronteira mais avançada da educação. *In*: TORRES, Artemis; SEMERARO, Giovanni. *Sobre saberes, educação e democracia.* Cuiabá: UFMT, 2011, p. 57-70.

SILVA, Roberta Maria Lobo da. *A dialética do trabalho no MST: a construção da Escola Nacional Florestan Fernandes.* Tese (Doutorado em Educação). Faculdade de Educação, Programa de Pós-Graduação em Educação, Universidade Federal Fluminense, 2005.

SINGER, André. *Raízes sociológicas e ideológicas do lulismo.* Revista Novos Estudos – CEBRAP, 2009, p. 83-102.

_____. *Os sentidos do lulismo: reforma gradual e pacto conservador.* São Paulo: Companhia das Letras, 2012.

STÉDILE, João Pedro; MANÇANO FERNANDES, Bernardo. *Brava gente: a trajetória do MST e a luta pela terra no Brasil.* São Paulo: Expressão Popular; Fundação Perseu Abramo, 2012.

ZIBECHI, Raúl. *La educación en los movimientos sociales*, 2005. Disponível em http://bibliotecadigital.conevyt.org.mx/colecciones/documentos/Catedra_Andres_Bello/Agosto%202007/Lecturas/Zibechi.pdf . Acesso em janeiro de 2016.

_____. *Brasil potência: entre a integração regional e um novo imperialismo.* Rio de Janeiro: Consequência, 2012.

A filosofia latino-americana: pano de fundo do pensamento filosófico brasileiro

GIOVANNI SEMERARO[191]

A filosofia universal para além do mundo ocidental

Do extenso material de documentos e narrativas provenientes de diversas civilizações como Egito, Índia, China, Pérsia, povos da Oceania, Astecas, Maias, Incas, indígenas dos vários continentes e do Brasil, emergem evidências de um pensamento estruturado racionalmente, construído em formas lógicas, repleto de conceitos e categorias, análises e distinções, moldado pela abstração e a teorização. Um conjunto de aspectos característicos do modo filosófico de pensar que, juntamente com a elaboração de complexas concepções de mundo, levam E. Dussel a concluir que:

> Ni la filosofía nació sólo primeramente en Grecia (en el tiempo), ni puede tomársela como el prototipo del discurso filosófico (por su contenido). De allí el error de muchos, que en vez de describir

---

[191] Professor de Filosofia da Educação nos cursos de Graduação e Pós-Graduação da Faculdade de Educação da UFF. Tem graduação em Filosofia (UNICAMP), Mestrado (IESAE/FGV) e Doutorado (UFRJ) em Educação e Pós-Doutorado na Università degli Studi di Urbino (Itália). Autor de diversos artigos e livros, entre eles *Gramsci e a sociedade civil*, 2ª ed. (Editora Vozes, 2001); *Gramsci e os novos embates da filosofia da práxis*, 3ª ed. (Ideias e Letras, 2014). É pesquisador do CNPq e coordenador do Núcleo de Estudos e Pesquisas em Filosofia, Política e Educação (Nufipe).

> los caracteres que deben definirse como *criterios de demarcación* entre el mito y el discurso categorial filosófico, tienden a tomar a la filosofía griega como la definición misma de la filosofía en quanto tal.[192]

Além disso, o filósofo latino-americano recusa também um outro lugar comum muito difundido que mais benevolamente concede que "La filosofía del Oriente o de Amerindia seria la filosofía *en sentido amplo*; la de Grecia, *en sentido estricto*". Contra essa visão rebate que "Se confunde el origen de la filosofía europea (que puede en parte situarse en Grecia) con el de la filosofía *mundial*, que tiene diversas ramificaciones, tantas como tradiciones fundamentales existen".[193] Um crescente repertório de estudos e descobertas revela, de fato, que muitos povos também fora da Europa em diferentes formas e graus criam meios de produção e reprodução e chegam a desenvolver uma racionalidade simbólica e/ou conceitual, figurativa e/ou argumentativa, para enfrentar os problemas postos à sua existência, adquirir consciência de si, entender o mundo em volta e construir uma comunidade linguística. Não há, portanto, A Filosofia enquanto tal, uma forma única e canônica de pensar nem um saber igual para todos os tempos e lugares, mas diversas formas de captar e expressar a realidade, muitos modos de fazer filosofia, assim como há diferentes definições dela. Evidência, essa, que hoje se afirma ainda mais não apenas em um mundo que se reconhece múltiplo e diverso, mas, principalmente, histórico e circunstanciado, portanto, transitório e superável.

Em todas as épocas e culturas, na verdade, individual e coletivamente, todos os seres humanos se põem perguntas e procuram respostas a questões fundamentais como "quem é o ser humano?",

---

192 Dussel, E.; Mendieta, E.; Bohórquez, C. (Orgs.). *El pensamiento filosófico latinoamericano, del Caribe y 'latino' [1300-2000]*. México: Siglo XXI, 2011, p. 18
193 *Ibidem*, p. 19

"de onde viemos?", "para onde vamos?", "qual é a minha identidade e do grupo ao qual pertenço?", "o que é o mundo? como se explica?", "qual é o sentido das coisas e da vida?", "como se chega ao conhecimento?", "qual é o certo e o errado?", "como orientar as próprias ações e as relações com os outros?", "como se organizar em sociedade?", "há dimensões transcendentes e uma realidade sobrenatural?" etc. Assim, cotidianamente, todo grupo social é induzido a pensar com inteligência não apenas para resolver problemas imediatos, mas também para tentar desvendar enigmas profundos, para conectar a multiplicidade das coisas e dos fatos à totalidade do real, em um exercício incessante que, mesmo de forma desagregada e ocasional, ensaia uma compreensão de si e uma concepção global de mundo. Justifica-se, portanto, a observação de Gramsci quando, sem desconsiderar a função dos filósofos profissionais, sustenta que "todos os homens são 'filósofos'",[194] mesmo sem ter uma formação especializada. Uma afirmação tanto mais evidente em uma sociedade como a nossa que se dá conta de que há uma "inteligência coletiva" em movimento contínuo, que as percepções, as informações, as ideias e as reflexões críticas circulam espontânea e livremente como produtos sociais e nem sempre é fácil estabelecer quem é o verdadeiro criador de um pensar que nos acomuna.

Hoje, na medida em que se socializa mais facilmente o conhecimento e se difunde o saber produzido por todos os cantos do planeta, percebe-se nitidamente que a filosofia não surge do nada nem de alguma fonte misteriosa ou da mente de gênios isolados. Além disso, comprova-se que as ideias, os sistemas ideológicos e os discursos são sempre situados e datados, ou seja, que se pensa e se fala a partir de circunstâncias específicas, de condicionamentos histórico-culturais, de necessidades e de interesses que determinados

---

[194] Gramsci, A. *Quaderni del carcere, a cura di V. Gerratana*, 4 vols., Torino: Einaudi, 1975, p. 1375.

grupos sociais produzem e procuram fazer prevalecer. Faz sentido, portanto, quando Gramsci afirma que:

> A filosofia se desenvolve porque se desenvolve a história geral do mundo (isto é, as relações sociais nas quais vive o homem) e não apenas porque a um grande filósofo se segue um filósofo ainda maior e assim por diante. Resta claro que ao se trabalhar praticamente para fazer história, faz-se também filosofia 'implícita' (que será "explícita" na medida em que filósofos a elaborarem coerentemente), suscitam-se problemas de conhecimento que, além da forma 'prática' de solução, encontrarão, mais cedo ou mais tarde, a forma teórica pela obra de especialistas, após ter encontrado imediatamente a forma ingênua do senso comum popular, isto é, dos agentes práticos das transformações históricas.[195]

A genealogia de uma filosofia "latino-americana"

Tal como ocorreu com outras civilizações, portanto, também na América Latina foi se criando um pensamento e se formando uma filosofia que se revestem das características peculiares da história, das problemáticas e da cultura específica dos povos dessa região. Sem entrar no mérito, aqui, das civilizações pré-hispânicas, desde o período da Colônia uma amálgama de culturas e de ideologias tem se processado entre os conquistadores, os deportados da África, os imigrantes europeus e asiáticos e os indígenas que escaparam do extermínio. Por trás dessa complexa miscigenação, nada pacífica e natural, vieram se aprofundando explosivas contradições desencadeadas pela dominação, pela exploração do trabalho e a abismal divisão de classe que estrutura essa região. Portanto:

> La filosofía que se practique en suelo americano desde la 'invasión' de 1492 será entonces desde su origen una filosofía

---
195   Gramsci, Antonio (1975). *Op. cit.*, p. 1273.

diferente, *moderna*, pero *colonial*; en otras palabras, practicada desde una territorialidade periférica, poseyendo en el siglo XVI una significación mundial que no ha sido suficientemente enfatizada hasta el presente.[196]

Sendo assim, mesmo no auge da dominação, a filosofia aqui nascida nunca foi um mero transplante e simples prolongamento de ideias externas, mas o encontro-choque entre o "Velho" e o "Novo" mundo, dois universos visceralmente inseparáveis. Esse árduo embate aparece visível em diversos autores desde as primeiras horas da "conquista" e assume forma exemplar na biografia e nos escritos de Bartolomeu de las Casas (ver, particularmente, *História de las Indias* e *Apologética histórica*), que critica a pretensão da superioridade da civilização ocidental e defende o respeito e o reconhecimento de outras culturas. Se a invasão e a obra colonizadora, de fato, deixaram marcas profundas na América Latina, é também verdade que a realidade e as reações dos povos aqui encontrados e mesclados tiveram fortes reflexos sobre a economia, o modo de pensar e a cultura europeia. Não é por acaso que Hegel, ao elaborar as célebres páginas da "dialética do Senhor e do Escravo" na *Fenomenologia do Espírito*, se inspira nas insurreições que começavam a se disseminar nas colônias.[197] Na América Latina, portanto, é necessário estudar a filosofia proveniente da tradição europeia, mas, é tanto mais imprescindível investigar o pensar que se constituiu ao longo da história dessa região, a partir da sua complexa realidade, das suas problemáticas, da pluralidade e do entrelaçamento de diferentes culturas e, principalmente, da antítese (da "potência do negativo", como a define Hegel) que os oprimidos ergueram em relação à tese imposta pelos dominadores. São muitos os autores latino-americanos que se

---

196 Dussel, Enrique (2011). *Op. cit.*, p. 55.
197 Buck-Morss, S. *Hegel, Haiti and Universal History*. Pittsburgh: University of Pittsburgh Press, 2009.

lançaram nessa difícil e delicada tarefa. No Brasil, entre os vários autores que apresentam essa marca, um exemplo eloquente desse processo pode ser observado na obra de Paulo Freire.

Sem dúvida, durante o período colonial e mesmo depois da constituição das "independentes" nações modernas, a cultura e o pensamento predominantes na América Latina são essencialmente de derivação europeia e norte-americana. Nesta época, aparece claro que:

> Os pensamentos da classe dominante são, também, os pensamentos dominantes; em outras palavras, a classe que é o poder *material* dominante numa determinada sociedade é também o poder *espiritual* dominante. A classe que dispõe dos meios da produção material dispõe também dos meios da produção intelectual.[198]

Mas, "pensamentos dominantes" não quer dizer exclusivos e absolutamente hegemônicos. Tanto é verdade que, mesmo em condição de subjugação econômica e militar, desde sua origem, a história da América Latina é constelada de muitas ações de resistência e de criações culturais e expressões filosóficas que se constituíram de forma crítica e em oposição à imposição externa. No entanto, foi, principalmente, a partir das lutas pela independência que começaram a se delinear ideias libertárias, projetos de identidade nacional e propostas de unidade latino-americana que preparam o terreno para a formação de uma filosofia com características próprias, que passou a ser chamada de latino-americana: "Com a independência política, os intelectuais mais valentes e conscientes se orientaram sem medo para a emancipação cultural, como o ideal e o objeto a perseguir, para conseguir a segunda independência".[199] Estrutura-se, assim, um pensamento que foi se tornando peculiar,

---

198 Marx, Karl; Engels, Friedrich. *A ideologia alemã*. São Paulo: Martins Fontes, 1998, p. 48.
199 Beorlegui, C. *Historia del pensamiento filosófico latinoamericano, una búsqueda incessante de la identidad*. Bilbao: Universidade de Deusto, 2006, p. 29.

original em muitos aspectos, autêntica e genuinamente filosófico, expressado nem sempre nos moldes estritamente convencionais, mas, em interlocução crítica (e precursor em alguns aspectos) com o modo moderno e contemporâneo de fazer filosofia.

Em 1842, J. B. Alberdi, o primeiro a apontar explicitamente o problema da filosofia latino-americana, defendia:

> Será americana a filosofia que resolver o problema dos destinos americanos (...) "a nossa filosofia deve nascer das nossas necessidades, não deve procurar imitar a filosofia europeia, mas ao contrário deve associar as leis gerais do espírito humano com as leis particulares da nossa situação nacional.[200]

No célebre artigo "Nuestra América", escrito em 1891, José Martí evidenciava os valores indígenas e as irrenunciáveis peculiaridades culturais e políticas da América Latina:

> Conhecer o próprio país e governá-lo conforme o conhecimento, é a única maneira de libertá-lo das tiranias. A Universidade europeia deve dar lugar à Universidade americana. A história da América, desde os Incas até hoje, deve ser ensinada de cor e salteado, ainda que não se ensine a dos arcontes da Grécia. A nossa Grécia é preferível à Grécia que não é nossa. É-nos mais necessária. Os políticos nacionais devem substituir os políticos de fora. Precisa inserir o mundo nas nossas Repúblicas, mas o tronco deve ser o das nossas Repúblicas. E cale-se o pedante servil, porque não há pátria para tornar o homem mais orgulhoso que as nossas repúblicas americanas.[201]

Segue a mesma linha José C. Mariátegui quando, ao resgatar os valores associativos dos povos indígenas do Peru, aponta para

---

200 Alberdi, J. B. *Ideas para un curso de filosofia contemporánea*. México: FCE, 1978, p. 12.
201 Martí, J. *Nuestra América*, La Habana: Centro de Estudios Martianos/Casa de las Américas, 1991, p. 18.

um "socialismo indo-americano",[202] combate o imperialismo e o conjunto das relações de poder cristalizadas no sistema colonial.[203] Ao criticar a inautenticidade do ser latino-americano devido à sua condição de dependência, diversos autores começaram a buscar os elementos de um "pensamiento de América", de uma "filosofía de lo americano", uma história regional das ideias, como é o caso, por exemplo, do ensaio pioneiro de Samuel Ramos, *El perfil del hombre y la cultura en México*, escrito em 1934.[204] Distanciando-se das preocupações marcadamente metafísicas e do abstratismo da tradição europeia (como fazia também o pragmatismo que despontava nos Estados Unidos), diversos pensadores latino-americanos viam no enfrentamento do colonialismo e dos problemas concretos sofridos pela população o caminho principal de sua construção filosófica. Porém, aqui, à diferença do pragmatismo norte-americano que renova o capitalismo, a filosofia se revestiu de uma conotação fortemente social e política e foi assumindo posições críticas e alternativas em relação ao sistema dominante. Enquanto se dedica a resgatar as origens mais profundas da sua terra e a buscar os elementos de uma própria identidade, Leopoldo Zea observa que a América europeia mantinha oculta uma América real de raízes indo-americanas.[205] Uma linha de pesquisa que vai desenvolver ao longo da sua intensa atividade intelectual e que o levará a escrever:

> Sem dúvida, o que é mais importante para compreender o melhor da nossa cultura é este pensar que tem feito da América o centro das próprias preocupações. Este filosofar, à diferença da chamada filosofia universal, tem como ponto de partida a

---

202 Mariátegui, José C. Aniversario y balance. *In: Ideologia y Política*. Lima: Amauta, 1969, p. 247-249.
203 *Sette saggi sulla realtà peruviana*, Torino, Einaudi, 1972. Ver, principalmente, a parte final do primeiro ensaio.
204 Ramos, S. *El perfil del hombre y la cultura em México*. México: Colección Austral, 1951.
205 Zea, L. En torno a una filosofia americana. *In: Cuadernos Americanos*. México, maio-jun., 1942, p. 26.

pergunta dirigida para o concreto, para o peculiar, para o que é original na América. Os seus grandes temas interpelam a possibilidade de uma cultura americana; colocam perguntas sobre a possibilidade de uma filosofia americana; ou, sobre a essência do homem americano... Quer dizer, temas que nunca preocuparam a chamada filosofia universal que partia exatamente do pressuposto de ser universal. Os grandes filósofos gregos, medievais, modernos ou contemporâneos da cultura europeia, nunca se preocuparam do original, do peculiar das suas culturas, porque as consideravam o universal por excelência, como o homem que as criava. O problema da filosofia na América é ter o conhecimento de que a sua é uma existência marginal. Diante da Europa moderna, não passa de um mundo telúrico, primitivo, sem espírito. As mentes europeias que se debruçaram sobre a América viram só primitivismo. Conforme essas mentes, a América continua a ser um mundo novo, a ser recriado, um mundo primitivo.[206]

Observações agudas como estas mostram não apenas a independência de pensamento e um senso crítico muito apurado, mas reivindicam a liberdade de elaborar uma filosofia própria, o direito de criar uma outra civilização para enfrentar e superar a irracionalidade do colonialismo e a filosofia que dele se faz portadora. Entre as tantas atividades políticas populares que fermentavam na América Latina desses anos, não se deve esquecer o impacto que representou no subcontinente e nos intelectuais a Revolução Cubana de 1959. Assim, é particularmente a partir da segunda metade do século XX que se estrutura um modo de pensar que aponta para uma história e uma ação que exploram possibilidades não previstas na tradição filosófica europeia e se coloca "nos antípodas do substancialismo clássico-escolástico"[207] e da uniformização ao projeto

---
206 Bondy, Augusto S. *El pensamiento latinoamericano*. México: UNAM, 1965, p. 73.
207 Zea, Leopoldo (1942). *Op. cit.*, p. 19.

do dominador. O pensamento latino-americano, de fato, não se estrutura a partir de um "Princípio" ordenador do mundo e de hierarquias estabelecidas. Ao contrário, nasce da experiência trágica da depredação e da subjugação, da luta pelo reconhecimento do "outro" e da busca de alternativas à "ordem" imposta às colônias.

Um dos livros de maior repercussão que trata das problemáticas de uma filosofia latino-americana que começa a se delinear nessa região é *Existe una filosofia de nuestra América?*, escrito por A. Salazar Bondy em 1968. Nesta obra, o autor procura mostrar que, mesmo nas condições de dependência econômica e social, a construção de um pensamento próprio pode ser um elemento fundamental na transformação da realidade. Analisando os percursos da filosofia na América Latina Bondy traça duas grandes divisões.[208] Na primeira, que abrange os séculos de colonização aberta (séculos XVI-XVIII), a filosofia apresenta-se como "uma árvore transplantada", um produto pronto recebido acriticamente e um instrumento de domesticação e de legitimação do poder vindo de fora. Predominante nos centros de estudo e nos ambientes áulicos da época, essa filosofia é essencialmente um exercício intelectual desligado da realidade e reproduz os conhecimentos e a concepção de mundo que importam ao dominador. Uma segunda caracterização da filosofia do subcontinente americano emerge das lutas pela independência (entre o século XIX e a primeira metade do século XX). Durante este período, enquanto se disseminam particularmente as teorias do positivismo e do idealismo, os primeiros elementos do pensamento anarquista e marxista, começam a emergir os traços mais típicos da filosofia latino-americana. Embora sintonizada ainda no pensamento europeu e influenciada pelos imigrantes, essa filosofia já não é mais essencialmente

---

[208] Bondy, Augusto S. *Existe una filosofia de nuestra América?*. México: Siglo XXI, 1968, p. 12-27.

importada e imitativa: apresenta-se com as inquietações de um povo que se organiza progressivamente, que busca a sua identidade e reivindica a sua soberania, que resgata a sua história e traça rumos de um próprio modo de viver em sociedade.

Essas premissas nos levam a entender como a longa tradição de lutas anticoloniais, de insurgências populares e os diversos ensaios de um pensamento crítico e alternativo ao modelo civilizatório dominante prepararam o terreno para o surgimento da *Filosofia da Libertação*, uma surpreendente e original contribuição ao pensamento mundial. Esboçada no II Congresso Nacional de Filosofia em 1971, em Córdoba/Argentina, essa proposta aponta que filosofar na América Latina implica acima de tudo refletir sobre a própria realidade para descobrir as raízes e as conexões com o sistema colonial aqui implantado de modo a procurar os caminhos da libertação.[209] Além de estudar as condições históricas, econômicas, sociais, políticas e culturais que estruturam a América Latina e desvendar as suas contradições, essa filosofia expressa a necessidade de construir instrumentos teóricos para enfrentar problemas ausentes na filosofia dos países hegemônicos.

Um empreendimento dessa envergadura exige, ao mesmo tempo, o conhecimento do pensamento ocidental, das diversas culturas que confluíram nessa região, a análise das estruturas de poder aqui implantadas, as reações sociopolíticas para vencer o sistema colonial e uma práxis política sintonizada com as reivindicações populares. Além da longa história de resistências, como foi observado por muitos analistas, as circunstâncias mais próximas que inspiram a filosofia da libertação estão localizadas "na revolução cubana de 1959 e no âmbito filosófico com o livro de Augusto Salazar Bondy, onde

---

[209] Dussel, Enrique. Una década argentina (1966-76) y el origen de la Filosofia de la Liberación. *In: Id, Historia de la Filosofia latinoamericana y Filosofia de la Liberación*. Bogotá: Nuova América, 1994, p. 55-96.

encontra-se delineado o 'obstáculo epistemológico' (Bachelard) a ser superado".[210] Desta forma, ao enfrentar a dominação econômico-política e remover o pensamento impostos de fora, na América Latina começam a mudar não apenas a óptica, o ponto de partida, mas também o método e o sujeito (melhor, os sujeitos) que fazem filosofia. Em breve, na segunda metade do século XX, se abandonam as referências à filosofia da Essência e do Sujeito, assim como à "filosofia como 'teoria da liberdade' e surge com força algo de radicalmente distinto e até contraposto: a 'filosofia como libertação'".[211]

O acúmulo de estudos que se intensificaram particularmente nessas últimas décadas sobre a filosofia latino-americana e suas múltiplas facetas tem levado diversos autores e centros de estudos a realizar compilações e esforços admiráveis de coleta de um pensamento que vem se ampliando e ramificando em muitas direções. Em algumas publicações de fôlego, é possível encontrar quadros cronológicos e um panorama das correntes filosóficas e dos autores mais importantes que formam a imensa constelação da história do pensamento filosófico latino-americano.[212] Aqui, além de sinalizar algumas linhas desse grande mosaico, nos limitaremos a focalizar brevemente o que de mais peculiar e original emerge da filosofia *made in* latino-américa.

Características de uma filosofia latino-americana

A filosofia que, sem complexo de inferioridade, pode ser genuinamente considerada latino-americana, respeitadas as diversas conotações de cada país da região, se estrutura essencialmente como tomada de consciência crítica da situação de dependência, assume posições de luta e de ruptura frente ao sistema colonizador (existente até hoje sob outras formas) e trabalha para a criação e a

---

210 Cerutti, Horacio. *Filosofías para la liberación, liberación del filosofar?*. Toluca: UNAM, 1997, p. 98.
211 Roig, Arturo. *Teoria y critica del pensamiento latinoamericano*. México: FCE, 1981, p. 101.
212 Dussel, Enrique (2011). *Op. cit.*; Beorlegui, Carlos (2006). *Op. cit.*

realização de um outro modelo de sociedade. Longe de abstratismos e devaneios, esse filosofar forma-se como uma atividade inseparável da realidade e da história da grande massa da população, como "irrenunciável labor filosófico, exercício racional, crítico e autocrítico a partir de 'Nuestra América' que reivindica não apenas o direito à 'nossa utopia', como também à liberdade da 'nossa filosofia'".[213]

Ao longo do seu processo de formação, é possível verificar como diversos conceitos derivados do patrimônio filosófico universal foram ressignificados e passaram a adquirir outros sentidos. No livro *Libertação e hegemonia: realizar a América Latina pelos movimentos populares*,[214] ressaltamos a conotação peculiar que assumem na América Latina os conceitos de "oprimido", "dependência", "subdesenvolvimento", "conscientização", "libertação", "subjetividade", "socialismo", "centro/periferia", "alteridade", "utopia". Chamamos, também, a atenção sobre a nova concepção de "mundo", de "nação", "etnia", "cultura", "produção", "democracia", "política", "terra" que vem se processando na América Latina. Dessa intensa fermentação emana uma leitura do mundo e da história a partir de um outro, inédito, ponto de vista que se constitui como base de um novo modo de fazer filosofia. Aqui, a *prima philosophia* nasce da escuta e do envolvimento profundo com a história popular, com o seu substrato "telúrico" e resistente, com o grito proveniente dos problemas reais e "uma tomada de posição frente a uma realidade muito concreta, que é a dos nossos povos".[215]

A vinculação da filosofia latino-americana com essa realidade, além de impedir fugas para elucubrações vazias, leva a descobrir

---

213 Cerutti, Horacio. *Filosofar desde Nuestra América*. México: UNAM, 2000, p. 60.
214 Semeraro Giovanni. *Gramsci e os novos embates da filosofia da práxis*. Aparecida, SP: Ideias & Letras, 2006.
215 Roig, Arturo. Función actual de la filosofía en América Latina. In: AA.VV., *La filosofía actual en América Latina*. México: Grijalbo, 1976, p. 135.

que antes de qualquer pergunta abstrata, a reflexão deve partir do dominado, do empobrecido, do explorado, daquele que é impedido de reproduzir a sua vida.[216] Nessa operação, se descobre que o pensar e a consciência são "uma realidade social, antes de ser uma realidade individual; que não há uma consciência transparente pela qual toda *episteme* deve se organizar" na nossa interioridade.[217] A mesma lógica orienta Ellacurría quando afirma que na América Latina o princípio que sustenta a nossa reflexão é a vida e o valor dos "nossos povos" e que, portanto, "a pergunta não é teórica, mas uma realização aberta, e o sujeito dessa realização não é a interioridade individual nem a intersubjetividade transcendental, mas um povo histórico, cujas condições de realização e cuja compreensão estão histórica e materialmente dadas".[218]

Ao contrário de uma filosofia intelectualista, elitista, introvertida, ornamental, que extrai ideias de ideias, na América Latina se faz do protagonismo sociopolítico dos colonizados e dos marginalizados os sujeitos e a realidade "a partir de onde se pensa", o terreno concreto no interior do qual se formulam as questões fundamentais de ordem ética, política, econômica, lógica, epistemológica e cultural. Assim, quando o oprimido, "que luta *contra* a morte que o sistema lhe designa, começa pela práxis da libertação a luta pela *vida*, a *novidade* irrompe na história, ultrapassa o *ser* do sistema. Uma *nova* filosofia, concreta, aparece necessariamente".[219] Trata-se, desta forma, de uma filosofia que procura pensar não apenas de modo autônomo e diferente, mas, principalmente, de modo inédito, uma vez que, o pensamento e a filosofia sempre considerados como vindo "de cima" e do "centro", aqui, são criação a partir "dos debaixo" e "da periferia",

---

216 Scannone, Juan C. Fé cristã e filosofia hoje na América latina. *In: Sintesi Nova Fase*, v. 19, nº 56 (1992), p. 49-58.
217 Roig, Arturo (1981). *Op. cit.*, p. 140.
218 Ellacuría, Ignacio. *Filosofia de la realidade histórica*. Madrid: Trotta, 1991, p. 337.
219 Dussel, Enrique. *Filosofia da libertação*. São Paulo: Loyola, 1977, p. 249.

daqueles que historicamente foram alijados das condições de elaborar uma própria concepção de mundo e de determinar a sua história.

A filosofia que se origina dessa experiência, tendo o olhar projetado mais para uma realidade a ser criada e não para um sistema a ser preservado, não assume a tonalidade crepuscular, mas, é um pensar do amanhecer. De fato, diferentemente da filosofia que levanta seu voo ao entardecer, como a coruja de Minerva hegeliana,[220] a filosofia latino-americana é associada por diversos autores à dança do beija-flor que se movimenta à luz do dia entre a variedade das cores e das flores. Uma filosofia que à visão de um mundo acabado e já definido, opõe questões em aberto e a convicção de que para conhecer a realidade não é suficiente analisá-la e organizá-la, mas, que é preciso transformá-la e recriá-la. Uma filosofia que mais do que a pergunta "o que é o homem", se coloca o grande desafio de descobrir "o que o homem pode vir a ser".[221] O pensamento latino-americano mostra, assim, que não se pode hipostasiar determinadas culturas e filosofias ou invocar alguma pureza de origens que nunca existiu. E que todo ser humano e povo não se fundam apenas em valores do passado, na vontade de preservar e mumificar tradições intocáveis como se fossem ontologicamente pré-constituídas. A identidade dos indivíduos e de um país, na realidade, é sempre o resultado de múltiplos componentes e de ações coletivas, é uma construção permanente submetida a contraditórios processos históricos, a confrontos políticos e a dinâmicas e criativas relações culturais.

Embora não isenta de fragilidades e controvérsias, a contribuição peculiar da filosofia latino-americana (assim como da pedagogia, da sociologia, da literatura, da "teoria da dependência",

---

220 Hegel, Georg Wilhelm F. *Lineamenti della filosofia del diritto*. Roma-Bari: Laterza, 1996, p. 17.
221 Gramsci, Antonio (1975). *Op. cit.*, p. 1343.

da teologia da libertação, das extraordinárias expressões artísticas dessa região), tem se tornando uma inelimável interlocutora frente a outras correntes filosóficas. A partir dela, não é mais possível estudar filosofia sem considerar a visão de mundo dos subjugados e dos povos periféricos, dos ameríndios e dos afrodescendentes, dos *criollos* e dos mestiços e de todas as "misturas" que na América Latina e no mundo recusam o pensamento único e os esquemas preestabelecidos. Sem cair no ecletismo e na harmonização dos contrários, ao gosto de muitas teorias de "democracia racial" e "convivência cordial" das camadas sociais, é a filosofia que expressa o clamor de uma imensa parte da população mundial e combate à exploração e à dominação, a divisão das classes e das nações, a separação das culturas e das raças, o distanciamento da natureza e o abandono dos valores mais profundos do ser humano.

Naturalmente, não se pode deixar de considerar que a construção da filosofia da libertação nasceu como decorrência da longa história do colonialismo e teve seu auge no período das ditaduras, entre os anos 1960 e 1980, quando alcançou uma intensa e elevada elaboração teórica. Estruturada mais sobre os binômios norte/sul, centro/periferia, ocidente/oriente, opressores/oprimidos, ricos/pobres, colonialidade/descolonialidade, tem investigado menos os mecanismos do capitalismo e suas metamorfoses na região sul-americana. Tem focalizado mais as questões da "libertação" e menos os caminhos para a construção de uma hegemonia popular alternativa ao sistema de dominação. Hoje, sem que tenha perdido sua atualidade, uma vez que a condição de dependência persiste sob outras formas, é preciso repensar os termos que modelaram a filosofia no subcontinente diante de outro contexto histórico e da nova configuração que assumem os países latino-americanos.

Ainda que perpassada por persistentes problemas sociais, a América Latina já aparece no tabuleiro mundial como uma expressiva região "emergente", com um protagonismo crescente em todos os setores e uma pluralidade de atores sociopolíticos. Portanto, para além das questões iniciais traçadas pela filosofia da libertação, hoje, precisa-se levar em consideração o fortalecimento da democracia e da soberania, as multiplicidades das relações de forças e as estratégias para se chegar à união regional, a projetos alternativos de sociedade articulados com as lutas de emancipação de outros povos "emergentes". Neste sentido, a filosofia latino-americana, para além da "libertação" e da "independência", é chamada a se sintonizar cada vez mais com as aspirações dos que reivindicam em todas as partes do mundo um novo estatuto das nações, da terra, da economia, da produção, das culturas, do acesso universal aos serviços, da democratização, de uma nova concepção de Estado e de instituições nacionais e internacionais. Uma filosofia que além de crítica e emancipatória, precisa não ter receio de tornar-se cada vez mais inspiradora e fautora de uma nova ordem mundial.

Ao estudar, portanto, a filosofia que foi se formando no Brasil não se pode desconsiderar o pano de fundo que a acomuna à história do pensamento filosófico latino-americano. De modo que, também no estudo do "pensamento filosófico" desse país tão importante, será preciso ponderar o que é "filosofia no Brasil", "filosofia do Brasil" e "filosofia brasileira", buscando o que de específico, peculiar e original foi se elaborando, resultado não apenas de "Pensadores que inventaram o Brasil",[222] mas, acima de tudo, criação de uma in-tensa e fascinante história das classes populares.

---

222 Cardoso, Fernando Henrique. *Pensadores que inventaram o Brasil*. São Paulo: Companhia das Letras, 2013.

Referências bibliográficas

ALBERDI, Juan B. *Ideas para un curso de filosofia contemporánea*, México: FCE, 1978.

BEORLEGUI, Carlos. *Historia del pensamiento filosófico latinoamericano, una búsqueda incessante de la identidade*. Bilbao: Universidade de Deusto, 2006.

BOFF, Leonardo. *Saber cuidar: ética do humano-compaixão pela terra*. 7ª ed., Petrópolis: Vozes, 2001.

BONDY, Augusto S. *Existe una filosofia de nuestra América?*. México: Siglo XXI, 1968.

BUCK-MORSS, Susan. *Hegel, Haiti and Universal History*. Pittsburgh: University of Pittsburgh Press, 2009.

CARDOSO, Fernando Henrique. *Pensadores que inventaram o Brasil*. São Paulo: Companhia das Letras, 2013.

CERUTTI, Horacio. *Filosofar desde Nuestra América*. México: UNAM, 2000.

_____. *Filosofias para la liberación, liberación del filosofar?*. Toluca: UNAM, 1997.

DUSSEL, Enrique; MENDIETA, Eduardo; BOHÓRQUEZ, Carmen (Orgs.). *El pensamiento filosófico latinoamericano, del Caribe y 'latino' [1300-2000]*. México: Siglo XXI, 2011.

_____. Una década argentina (1966-76) y el origen de la Filosofia de la Liberación. In: Id, *Historia de la Filosofía latinoamericana y Filosofia de la Liberación*. Bogotá: Nuova América, 1994, p. 55-96.

_____. *Filosofia da libertação*. São Paulo, Loyola, 1977.

ELLACURÍA, Ignacio. *Filosofia de la realidade histórica*. Madrid: Trotta, 1991.

GRAMSCI, Antonio. *Quaderni del carcere, a cura di V. Gerratana*. 4 vols., Torino: Einaudi, 1975, p. 1375.

HEGEL, Georg Wilhelm F. *Lineamenti della filosofia del diritto*. Roma-Bari: Laterza, 1996.

MARIÁTEGUI, José C. Aniversario y balance. *In: Ideologia y Política*. Lima: Amauta, 1969, p. 247-249.

_____. *Sette saggi sulla realtà peruviana*. Torino: Einaudi, 1972.

MARTÍ, José. *Nuestra América*. La Habana: Centro de Estudios Martianos/Casa de las Américas, 1991.

MARX, Karl; ENGELS, Friedrich. *A ideologia alemã*. São Paulo: Martins Fontes, 1998.

RAMOS, Samuel. *El perfil del hombre y la cultura em México*. México: Colección Austral, 1951.

ROIG, Arturo. Función actual de la filosofia en América Latina. *In:* AA.VV., *La filosofia actual en América Latina*. México: Grijalbo, 1976.

_____. *Teoria y critica del pensamiento latinoamericano*. México: FCE, 1981.

SCANNONE, Juan C. Fé cristã e filosofia hoje na América latina. *In: Sintesi Nova Fase*, v. 19, nº 56 (1992), p. 49-58.

SEMERARO, Giovanni. *Gramsci e os novos embates da filosofia da práxis*. Aparecida, SP: Ideias & Letras, 2006.

_____. *Libertação e hegemonia: realizar a América Latina pelos movimentos populares*. Aparecida, SP: Ideias e Letras, 2009.

ZEA, Leopoldo. En torno a una filosofia americana. *In: Cuadernos Americanos*. México, maio-jun., 1942.

_____. *El pensamiento latinoamericano*. México: UNAM, 1965.

O Instituto Superior de Estudos Brasileiros: sua vida em seu tempo (1955-1964)

RODRIGO LIMA RIBEIRO GOMES[223]

Apresentação

O objetivo deste artigo é discutir, em linhas gerais, o significado histórico do Instituto Superior de Estudos Brasileiros (ISEB), procurando, de maneira breve, relacionar a sua existência ao contexto histórico em que esteve inserido, em especial, em seus aspectos socioeconômicos, de modo a explicitar os processos subjacentes aos fatos que marcaram a vida do Instituto: suas ideias, sua importância, suas crises etc.

O caminho expositivo será uma contextualização do Instituto no processo histórico mais geral em que estava inserida a sociedade brasileira nos anos de existência do ISEB (1955-1964), buscando situar as ideias isebianas no quadro das discussões do nacionalismo desenvolvimentista bastante presente no período, sua recepção pelos intelectuais do Instituto e os embates que decorreram dela – que resultaram mesmo em um

---

[223] Professor Adjunto do Instituto de Educação de Angra dos Reis, da Universidade Federal Fluminense (IEAR-UFF). Doutor e Mestre em Educação pela Universidade Federal Fluminense (2009 e 2014) e Graduado em História pela mesma universidade. Foi Professor de História da Rede Pública Municipal de Ensino do Rio de Janeiro.

racha no final dos anos 1950, quando deixaram o ISEB vários de seus fundadores.

O contexto em que o ISEB existiu pode ser dividido em dois momentos: de 1955 a 1959, correspondente ao processo de elaboração do programa, da vitória eleitoral e do governo de Juscelino Kubitschek; e de 1961 a 1964, quando a crise não resolvida do modelo desenvolvimentista de JK deixou uma herança de grandes dificuldades para os governantes que o sucederam, Jânio Quadros e João Goulart.

As hipóteses deste trabalho são as seguintes: 1) a crise isebiana está relacionada com a crise do modelo de desenvolvimento empreendido durante os anos do governo Kubitschek (1956-1960), assim como pelas divergências no interior das ideias desenvolvimentistas e dos nacionalismos professados no Brasil; e 2) a radicalização das ideias e das práticas do Instituto entre os anos 1961-1964 são uma consequência da polarização que surgiu daquela crise de modelo, exigindo dos intelectuais uma tomada de posição, que no ISEB foi empreendida pela esquerda – maior aproximação do marxismo, preferência por publicações de divulgação popular, atuação junto aos movimentos populares etc.

Mesmo tendo sua existência encerrada há mais de cinquenta anos, o pensamento isebiano continuou sendo bastante revisitado nas últimas décadas, seja de modo crítico ou de maneira mais apologética, o que não será nenhum dos caminhos empreendidos aqui. A intenção deste trabalho é explicativa e justifica-se pelo fato de que a importância deste pensamento recai sobre seu caráter expressivo e sintético de questões de meados do século XX, que seguem, no entanto, sendo profundamente atuais: desenvolvimento nacional com equidade e, no limite – como defendido nos anos mais radicais do ISEB –, ruptura com um sistema econômico limitador da democracia e do mais completo desenvolvimento humano.

Os antecedentes do ISEB

Para o melhor entendimento acerca do contexto da existência do ISEB (1955-1964) é necessário que se observe não apenas a conjuntura socioeconômica mais ampla que se desenrolava no Brasil, como se faz mister também localizá-la no cenário internacional de meados do século passado, além de recuar um pouco no tempo da própria história brasileira com o intuito de observar aquele contexto como a resultante de um processo.

Neste contexto, o Brasil estava inserido em um momento do capitalismo internacional que Ernest Mandel (1982)[224] caracterizou de "capitalismo tardio", no qual os países em condição semelhante à brasileira, os assim chamados países "subdesenvolvidos", inseridos no mercado mundial capitalista inicialmente na condição de colônias, passam a vivenciar um processo de considerável modernização, com o consequente crescimento urbano-industrial que tal fato acarretou.

Este processo foi uma decorrência da necessidade de pesado investimento de capital pelas empresas monopolistas oriundas dos países centrais (Estados Unidos e Europa Ocidental, basicamente), na produção de bens de consumo (principalmente os duráveis) nos países do chamado "terceiro mundo", uma vez que tinham concentrado e centralizado grandes massas de capital que não encontravam espaço de realização em seus países de origem.

Por outro lado, como consequência das duas guerras mundiais e da crise capitalista dos anos de 1930, o Brasil recorreu (assim como outros países "subdesenvolvidos") a um processo de industrialização endógena caracterizado por alguns autores como

---

[224] Mandel, Ernest. *O capitalismo tardio*. São Paulo: Abril Cultural, 1982.

"substituição de importações", porque implicava na produção de manufaturados em solo nacional, cuja demanda não poderia ser satisfeita por países que tinham suas economias em depressão e/ou voltadas para a guerra.[225]

O processo de desenvolvimento capitalista urbano-industrial, ao lado da relativa crise do setor agroexportador, abriu um período de considerável instabilidade política no país, que, entre 1922 e 1964, experimentou dezesseis tentativas, bem-sucedidas ou não, de golpes de Estado.[226] O primeiro golpe vitorioso deu origem à ditadura de Getúlio Vargas (1930-1945), que iniciou um processo de centralização administrativa com o intuito de, além de outras iniciativas, induzir o crescimento econômico com base na industrialização, favorecendo a economia urbana e buscando um início de planejamento econômico através da regulamentação dos fatores de produção a partir do Estado – instituição da legislação trabalhista, corporativismo sindical operário e patronal, estabelecimento de uma indústria de base e de infraestruturas estatais etc. (Oliveira, 1975). O resultado foi um forte crescimento absoluto e relativo da indústria e de outros setores da economia relacionados ao setor urbano, mesmo depois do fim da ditadura Vargas, nos governos de Eurico Gaspar Dutra (1946-1950) e no retorno de Getúlio pelo voto (1951-1954).

Em relação ao processo prático de crescimento econômico e de industrialização, desde a década de 1930 formou-se um conjunto de ideias que procuravam justificar e buscar meios de induzir o desenvolvimento da economia brasileira, que embora tivessem por vezes perspectivas distintas, eram agrupadas por um termo geral: "desenvolvimentismo".

---

225 Marini, Ruy Mauro. *Dialética da dependência*. Rio de Janeiro: Vozes; Buenos Aires: CLACSO, 2000; Bandeira, Luiz Alberto Moniz. *O Governo João Goulart: as lutas sociais no Brasil*. Rio de Janeiro: Civilização Brasileira, 1977.
226 Ianni, Octavio. *O colapso do populismo no Brasil*. 3ª ed. Rio de Janeiro: Civilização Brasileira, 1975.

Ricardo Bielschowsky (2000)[227] destaca três correntes de pensamento econômico dentro do desenvolvimentismo brasileiro: 1) a "nacionalista do setor privado", cujo principal expoente era Roberto Simonsen, expressa também por entidades do empresariado, como a Confederação Nacional da Indústria (CNI), a qual defendia um processo de industrialização planejado, com base no capital nacional; 2) a "não nacionalista do setor público", professada por Roberto Campos, a partir de entidades como o Banco Nacional de Desenvolvimento Econômico (BNDE) e a Comissão Mista Brasil-Estados Unidos, cujo pensamento econômico aproximava-se do liberalismo e que incentiva o investimento externo, mas também defendendo a necessidade de investimento estatal em infraestruturas e nos transportes; e 3) a "nacionalista do setor público", defendida por Celso Furtado, que tinha por base as ideias da Comissão Econômica para a América Latina (CEPAL), que se aproximava do desenvolvimentismo nacionalista "privado", desconfiava do capital estrangeiro (embora não lhe fizesse antagonismo) e defendia o investimento estatal planejado em setores como petróleo, energia elétrica, mineração, siderurgia etc.

O mesmo Bielschowsky enquadra o embrião do ISEB, o Instituto Brasileiro de Economia, Sociologia e Política (IBESP), e sua publicação, *Cadernos de nosso tempo*, no tipo de pensamento econômico expresso pela CEPAL, o que representava interpretar que "a sociedade brasileira passava por uma fase de transição de sua 'estrutura-tipo', através da transformação de país subdesenvolvido e neocolonial em economia plenamente desenvolvida".[228] Tal perspectiva manteve-se na interpretação do ISEB acerca da realidade brasileira.

---
227 Bielschowsky, Ricardo. *Pensamento econômico brasileiro:* o ciclo ideológico do desenvolvimentismo. 4ª ed. Rio de Janeiro: Contraponto, 2000.
228 *Ibidem*, p. 378.

As origens do IBESP podem ser encontradas desde o fim da década de 1940, quando alguns intelectuais, com destaque para Hélio Jaguaribe, publicam na quinta página do *Jornal do Comércio* textos que esboçavam o tipo de desenvolvimentismo nacionalista que viria a ser difundido por esse Instituto. Com a liderança daquele intelectual foi criado o chamado "grupo de Itatiaia", formado em 1952 por intelectuais do Rio de Janeiro e de São Paulo que se reuniam mensalmente na sede do Parque Nacional, em um espaço cedido pelo Ministério da Agricultura. Neste grupo – composto além de Jaguaribe, por intelectuais como Roland Corbisier, Guerreiro Ramos, Inácio Rangel, Miguel Reale, Cândido Mendes e outros –, dividiam-se duas "alas", integradas, grosso modo, por representantes do Rio, mais à esquerda e com o intuito de debater e intervir nos problemas da realidade brasileira, e de São Paulo, mais à direita e com uma tendência para a filosofia metafísica e a não intervenção em assuntos de política. Em fins de 1953 o grupo divide-se e a metade carioca forma, juntamente com o paulista Corbisier, o IBESP.[229]

Tal Instituto, que durou até 1955, ano da criação do ISEB, tentou pôr em prática aquilo que os membros cariocas do grupo de Itatiaia preconizavam. Para tal, era necessária uma análise da estrutura social brasileira tendo em vista a elaboração de um planejamento racional do desenvolvimento econômico, sendo atribuída aos intelectuais a tarefa de vanguarda na condução do processo, orientados a partir da formação de uma ideologia apropriada. Apesar da diversidade intelectual do IBESP, seus representantes e as ideias expressas nas páginas dos *Cadernos do nosso tempo* apresentavam um consenso mínimo: "a busca de uma posição internacional de não alinhamento e de 'terceira força', um nacionalismo em relação aos recursos

---

[229] Vale, Antônio Marques do. *O ISEB, os Intelectuais e a diferença: um diálogo teimoso na educação*. São Paulo: Ed. UNESP, 2006.

naturais do país, uma racionalização maior da gestão pública, maior participação de setores populares na vida política" etc.[230]

O surgimento e a "primeira fase" do ISEB

O Instituto Superior de Estudos Brasileiros surge em 1955, a partir do convencimento exercido por intelectuais do IBESP sobre o ministro da Educação e da Cultura (Cândido Mota Filho), durante a gestão de Café Filho, e foi instituído como órgão do Estado Brasileiro, ligado ao MEC, pelo Decreto nº 37.608, de 14 de julho de 1955. Sob a forma de "um curso permanente de altos estudos políticos e sociais, de nível pós-universitário", que teria como atividades a realização de estudos e pesquisas, a promoção de seminários e conferências e a produção de publicações para a divulgação de suas ideias, o Instituto tinha os seguintes objetivos:

> O ISEB tem por finalidade o estudo, o ensino e a divulgação das ciências sociais, notadamente da sociologia, da história, da economia e da política, especialmente para o fim de aplicar as categorias e os dados dessas ciências à análise e à compreensão crítica da realidade brasileira, visando à elaboração de instrumentos teóricos que permitam o incentivo e a promoção do desenvolvimento nacional.[231]

Entre o suicídio de Vargas (agosto de 1954) e a posse de Kubitschek (fevereiro de 1956), o país foi governado interinamente por Café Filho (até novembro de 1955),[232] que procurou inverter a orientação desenvolvimentista hegemônica desde 1930, adotando

---

230 Schwartzman, Simon. O Pensamento Nacionalista e os 'Cadernos de Nosso Tempo', 1979, s. p. Extraído de http://www.schwartzman.org.br/simon/cadernos.htm. Acesso em junho de 2016.
231 Brasil. Decreto nº 37.608, de 14 de julho de 1955. Disponível em http://www2.camara.leg.br/legin/fed/decret/1950-1959/decreto-37608-14-julho-1955-336008-publicacaooriginal-1-pe.html. Acesso em 25 de março de 2013.
232 Carlos Luz e Nereu Ramos governaram entre novembro de 1955 e janeiro de 1956.

medidas liberais de contenção da demanda e dando incentivos aos capitais externos. Sua principal medida, a implantação da Instrução 113 da Superintendência de Moeda e Crédito (SUMOC), permitia a uma empresa estrangeira a importação de instrumentos de produção sem cobertura cambial, tornando-a acionista da empresa na qual ela estava investindo[233] – um mecanismo que fortaleceu em muito a associação entre capitais brasileiros e externos, uma vez que os capitalistas nacionais não dispunham do mesmo direito, tendo que recorrer a capitais estrangeiros para tal.

O governo Kubitschek e seu programa político-econômico, o chamado "Plano de Metas", essencialmente aprofundou o processo de desenvolvimento capitalista baseado na associação de capitais internos e externos, de tal modo que o interesse de capitalistas brasileiros e estrangeiros tornou-se bastante coincidente. Cardoso,[234] com base em entrevistas com industriais de São Paulo no início da década e 1960 – já a vanguarda da burguesia brasileira – concluiu que esse setor, ao contrário de buscar uma ruptura "com os grupos estrangeiros, com os grandes proprietários e com os comerciantes e banqueiros", desenvolvendo o "exercício pleno da dominação de classe", fez uma opção pela "ordem", abdicando "de uma vez por todas de tentar a hegemonia plena da sociedade, satisfeita já com a condição de sócio menor do capitalismo ocidental e de guarda avançada da agricultura que muito lentamente se capitaliza".

Não obstante, o plano com 30 objetivos socioeconômicos a serem alcançados, mais a criação de Brasília, logrou resultados importantíssimos em termos de desenvolvimento econômico e de crescimento urbano-industrial no Brasil, acelerando o processo

---

233 Caputo, Ana Cláudia. *Desenvolvimento econômico brasileiro e Investimento Direto Estrangeiro: uma análise da Instrução 113 da SUMOC – 1955/1963*. Dissertação (Mestrado em Economia). Faculdade de Economia. Universidade Federal Fluminense, Niterói, 2007.
234 Cardoso, Fernando Henrique. *Empresário industrial e desenvolvimento econômico no Brasil*. 2ª ed. São Paulo: DIFEL, 1971, p. 197.

demográfico de transição populacional do campo para a cidade. A base do plano foi o *Relatório Geral* da Comissão Mista Brasil--Estados Unidos, que funcionou durante o segundo governo Vargas, entre 1951 e 1953. O objetivo estratégico do Plano de Metas – centrado nos setores de energia, transportes, alimentação, indústrias de base e educação – era a melhoria das condições de vida da população brasileira através do crescimento econômico. A estratégia era calcada no conceito de "ponto de germinação", entendido enquanto uma resultante da intervenção do Estado na criação de infraestrutura, resolvendo demandas reprimidas, e gerando o crescimento econômico "automaticamente".[235]

O Plano de Metas de JK tinha duas intenções básicas: a substituição de importações com o incentivo ao investimento estrangeiro direto e a criação de uma infraestrutura que servisse de base ao crescimento da indústria. As inversões e o financiamento do forte crescimento industrial verificado no período – que acabou por impulsionar uma taxa média de crescimento do PIB ao redor de 7% ao ano, entre 1957 e 1962 – foram em grande parte estrangeiros, e não poderiam ter sido de outro modo, uma vez que "para as indústrias-chave do processo o país não dispunha da acumulação prévia necessária, isto é, não produzira os bens de capital (incluindo-se os processos industriais) que tais indústrias requeriam".[236]

Embora tenham intentado intervir no processo político já durante a estruturação do programa de Kubitschek, publicando mesmo um plano de governo no quinto e último número dos *Cadernos*

---

235 Ribeiro, Thiago Reis Marques. *Das missões à comissão: ideologia e projeto desenvolvimentista nos trabalhos da "Missão AbbInk" (1948) e da Comissão Mista Brasil-Estados Unidos (1951-1953)*. Dissertação (Mestrado em História). Departamento de História. Universidade Federal Fluminense, Niterói, 2012; Lafer, Celso. O planejamento no Brasil – observações sobre o Plano de Metas (1956-1960). *In*: Lafer, Betty Mindlin (Org.). *Planejamento no Brasil*. 3ª ed. São Paulo: Editora Perspectiva, 1975.
236 Oliveira, Francisco de. Economia brasileira: crítica à razão dualista. *In: Seleções CEBRAP*. São Paulo: Brasiliense, 1975, p. 37.

de nosso tempo, os membros do ISEB não conseguiram se firmar no Conselho de Campanha de JK, não tendo ascendência sobre o Plano de Metas de Juscelino. Uma das possíveis explicações para este fato está relacionada ao tipo de intelectual que os membros do Instituto eram expressão:

> O intelectual do ISEB poderia ser considerado um tipo de intelectual de transição, isto é, correspondente à passagem de uma sociedade agrária, em que a formação intelectual era valorizada enquanto instrumento de manutenção dos valores e padrões culturais nacionais, para uma sociedade moderna e industrial, em que o domínio da tecnologia e o conhecimento especializado são os valores almejados.[237]

Desde a década de 1930 e principalmente depois da Segunda Guerra Mundial, teve início no Brasil a formação de um tipo de intelectual com um perfil mais técnico, formado em cursos como Economia e Administração, em instituições recentes, como a Universidade de São Paulo (1934) e a Fundação Getúlio Vargas (1944), e voltado para a formação de uma *expertise* de gerência empresarial e estatal em uma sociedade que se modernizava.[238] Em termos de Antonio Gramsci, os intelectuais do ISEB estariam no meio do caminho entre uma intelectualidade de tipo "tradicional" – ou seja, os estudiosos de alto nível, que se imaginam mais vinculados aos demais intelectuais do que às classes sociais –, e um intelectual de tipo "orgânico", o qual teria sua existência vinculada à classe ou grupo social ao qual estaria conectado, ao mesmo tempo em que ele próprio os auxiliaria em seu desenvolvimento e autoconsciência.[239]

---

237 Abreu, Alzira Alves de. A ação política dois intelectuais do ISEB. *In*: Toledo, Caio Navarro de (Org.). *Intelectuais e política no Brasil*. A experiência do ISEB. Rio de Janeiro: Revan, 2005, p. 103.
238 *Ibidem*, p. 100-103.
239 Tal perspectiva está associada à compreensão gramsciana de que as classes sociais fundamentais dão origem a uma gama de intelectuais relacionados à sua "função essencial no

Seguindo Caio Navarro de Toledo,[240] podemos entender a trajetória do instituto como dividida em três fases, sendo a inicial restrita ao primeiro curso do Instituto, em 1955, o que neste trabalho não será considerado para análise. Para efeitos práticos, pode-se dividir a vida do ISEB, como já mencionado, em dois grandes momentos. O primeiro coincidiria com o período de governo de Juscelino Kubitschek, quando o nacional-desenvolvimentismo impor-se-ia como sua ideologia hegemônica. Pode-se dizer que este foi o período "clássico" do ISEB, o que mais recebe atenção dos estudiosos do Instituto e também o mais produtivo, quando se editou uma quantidade significativa de obras dos professores da instituição. Os intelectuais de maior relevo eram Hélio Jaguaribe, Roland Corbisier, Guerreiro Ramos, Candido Mendes, Álvaro Vieira Pinto e Nelson Werneck Sodré.

O segundo momento seria coincidente com o movimento das Reformas de Base. Durante o governo de Jânio Quadros o ISEB perdeu uma quantidade importante de recursos, dado que muitos de seus intelectuais tinham se comprometido com a campanha presidencial de Henrique Teixeira Lott. Depois de 1960 o Instituto muda a sua política editorial e a orientação teórica e política da instituição vai para as mãos de jovens professores, como Wanderley Guilherme dos Santos e Joel Rufino dos Santos. As posições político-ideológicas do instituto orientam-se cada vez mais para a esquerda, principalmente nos últimos meses do governo de João Goulart.[241]

---

mundo da produção econômica", criando, "organicamente, uma ou mais camadas de intelectuais que lhes dão homogeneidade e consciência de sua própria função, não apenas no campo econômico, mas também no social e no político" (*Cf.* GRAMSCI, 2004, p. 15-17, *passim*).
240   Toledo, Caio Navarro de. *ISEB: fábrica de ideologias*. São Paulo: Ática, 1977, p. 186-190.
241   *Cf.* Toledo, *Op. cit.*, p. 186-190, *passim*. Existem outras formas de classificação das "fases" do ISEB. Por exemplo, Jaguaribe divide o Instituto também em três momentos, de acordo com quem esteve na Direção: o primeiro seria aquele em que ele estava à frente do Instituto, o segundo seria de 1959 a 1962, quando Corbisier assumiu a direção até ser eleito

Embora o período do governo de Juscelino Kubitschek tenha sido o mais importante do ISEB, antes mesmo do final de seu mandato ocorre uma cisão forte dentro dos quadros do Instituto, opondo as lideranças de Hélio Jaguaribe e Guerreiro Ramos.[242] Por certo, uma das razões ideológicas da divisão que se instaurou entre os intelectuais do ISEB encontra-se na concepção de desenvolvimento, em particular na questão do nacionalismo.

No governo de Juscelino Kubitschek, o qual os membros do Instituto apoiaram, como já dito, prevaleceu a opção por um desenvolvimento calcado no capital externo, tendo o nacionalismo cumprido um papel muito mais ideológico de legitimação do projeto do que prevalecido na sua orientação. Com isso, teria havido uma "defasagem entre o momento em que o ISEB explicitou o seu projeto de desenvolvimento nacionalista e a fase em que se encontrava o desenvolvimento industrial brasileiro". Ou seja, o tipo de desenvolvimentismo nacionalista pregado pelo Instituto já estaria historicamente superado pelos fatos.[243]

Enquanto o ISEB esteve guarnecido pelo Governo Federal e o Brasil crescia economicamente a altas taxas, em especial no setor industrial, as divergências entre os membros do Instituto e as incoerências do projeto isebiano não tinham ainda ganhado a dimensão que tomariam em 1959, quando o modelo de desenvolvimento de JK começa a apresentar problemas e o crescimento

---

Deputado, e o terceiro momento seria quando Vieira Pinto tornou-se o Diretor, de 1962 até o golpe de 1964 (*Cf.* Jaguaribe, 2005, p. 34-38). Independentemente de como se classifique as "fases" do ISEB, o fato é que todos os comentadores admitem uma mudança de rumos significativa com o racha de 1959 e com o fim do governo de Juscelino Kubitschek, quando o Instituto sofre com a perda de receitas. Segundo Alexsandro Pereira, na primeira fase o ISEB estaria mais voltado "para dentro", conferindo os Cursos Regulares, palestras, conferências e debates internos. Os "cursos extraordinários" seriam mais característicos do período posterior ao da saída de Hélio Jaguaribe e outros, sendo a marca da postura mais "militante" adquirida pelo Instituto (*Cf.* Pereira, 2005, p. 132).

242 Para distintas visões acerca do racha, ver Jaguaribe, 1988, p. 12; Toledo, 1977, p. 188-189; e Almeida, 2005, p. 22.

243 Abreu, Alzira Alves de (2005). *Op. cit.*, p. 98-104, *passim*.

econômico desacelera com alta inflação. É nesse momento, acompanhando tal crise de modelo, que o próprio ISEB entra em crise e ocorrem as divisões. Os membros remanescentes na "segunda fase" do Instituto (1960-1964), entretanto, não abandonam seu projeto de desenvolvimento com autonomia nacional e intervenção e investimento planejados do Estado enquanto estratégia, o que os fazem entrar em choque com o crescimento da força das ideias liberais de estabilidade econômica, mediante controle inflacionário e não intervenção estatal. A defesa de seu programa empurra o ISEB cada vez mais para a esquerda, quando o Instituto se encontra com o movimento operário, popular e estudantil e passa a defender também as "reformas de base".

A crise e a "segunda fase" do ISEB

O período que compreende os governos de Jânio Quadros (1961) e João Goulart (1961-1964), do ponto de vista econômico, é um grande desdobramento da crise iniciada no fim do governo Kubitschek, que se expressa na redução do crescimento entre 1962 e 1966. Às dificuldades na economia acrescenta-se uma crise política, que ao longo do governo Goulart manifesta-se na ruptura de grande parte do empresariado urbano, de setores das forças armadas e dos grandes proprietários rurais com o presidente, situação que evolui para uma conspiração aberta contra o regime democrático e, por fim, no golpe empresarial-militar de 1964.

A oposição política à Goulart levada a cabo pelo governo e pelas empresas estadunidenses – as que mais investiam no Brasil no período –, fez piorar o quadro econômico do país, uma vez que a partir de 1962 a quantidade de capital investido e de empréstimos ao governo brasileiro reduziu-se, o que se somou ao aumento das remessas de lucros daquelas empresas ao exterior, ampliando a pressão sobre o balanço de pagamentos do país e piorando o quadro da dívida externa brasileira.[244] A este cenário, acrescenta-se uma escalada inflacionária com baixo crescimento econômico, em comparação com a segunda metade da década de 1950.

Num contexto em que Goulart tinha poderes limitados pela implementação do parlamentarismo – uma solução para conter uma tentativa de golpe de Estado, em 1961[245] – a proposta de política econômica do governo para superar a crise, o Plano Trienal de Desenvolvimento Econômico e Social, vem à luz apenas em 1963, posteriormente ao plebiscito que decretou o retorno do presidencialismo e dos poderes do presidente, elaborado por uma equipe dirigida por Celso Furtado e pensado para durar até o fim previsto de seu governo (1965). O Plano, juntamente com o governo que o demandou, foi interrompido pelo golpe de 1º de abril de 1964.

Os objetivos do Plano Trienal eram bastante ousados para a realidade brasileira no período: a recuperação dos patamares de crescimento econômico verificados entre 1957 e 1961, através da atualização da estratégia de substituição de importações, a contenção da escalada inflacionária, reduções na desigualdade da distribuição social e regional da renda, reescalonamento da dívida externa e a realização de algumas reformas de base, em especial agrária, fiscal, bancária e na administração pública.

A estratégia programada pelo Plano Trienal teria sérias dificuldades para ser posta em prática, pois ela previa a realização de aspectos conflitantes entre si, como a manutenção do modelo de substituição de importações correlato a uma política de contenção da inflação. O resultado, no único ano em que o Plano Trienal foi

---

244 Bandeira, Luiz Alberto Moniz. *O Governo João Goulart:* as lutas sociais no Brasil. Rio de Janeiro: Civilização Brasileira, 1977.
245 Melo, Demian Bezerra de. *O plebiscito de 1963: Inflexão de forças na crise orgânica dos anos 60*. Dissertação (Mestrado em História). Departamento de História. Universidade Federal Fluminense, Niterói, 2009.

posto em prática (1963), foi o contrário, em todos os aspectos, do que o governo planejara: o crescimento percentual do PIB, em relação ao ano anterior, foi o menor desde 1947 (quando tem início a série histórica da FGV) – 0,6% em relação ao ano anterior –, a inflação foi ainda mais elevada (81,3%, face à 1962) e o déficit do Tesouro atingiu quase o dobro do programado. A política salarial austera, necessária a um planejamento de contenção inflacionária em uma economia capitalista, não pôde ser posta em prática, uma vez que as pressões dos trabalhadores cresciam na medida em que fortaleciam suas organizações, mobilizações e greves – além do fato de que uma parcela significativa do movimento sindical apoiava o governo Goulart.[246]

As contradições do Plano Trienal relacionam-se à postura conciliatória de Goulart, que o impedia, em um contexto de acirramento dos conflitos sociais e políticos – que se configurava mesmo em uma "crise orgânica"[247] –, de elaborar um programa de governo coerente. O esgotamento do desenvolvimento baseado na substituição de exportações "exigia uma definição de classe". Ou seja, para o presidente apenas restava a escolha de um dos polos do conflito, classes populares ou classes proprietárias, e a ação consequente à sua opção: se as primeiras, a realização das reformas de base, a garantia das liberdades organizativas, aumentos salariais etc.; se as segundas, uma política econômica recessiva de estabilização monetária e contenção da inflação e a manutenção do *status quo*, o que naquele momento implicaria em adotar a repressão do Estado contra o movimento popular.[248]

---

246 Macedo, Roberto B. M. Plano Trienal de Desenvolvimento Econômico e Social. *In*: Lafer, Betty Mindlin (Org.). *Planejamento no Brasil*. 3ª ed. São Paulo: Editora Perspectiva, 1975.
247 Melo, Demian Bezerra de. *Crise orgânica e ação política da classe trabalhadora brasileira: a primeira greve geral nacional (5 de julho de 1962)*. Tese (Doutorado em História). Departamento de História. Universidade Federal Fluminense, Niterói, 2013.
248 Bandeira, Luiz Alberto Moniz (1977). *Op. cit.*

De um lado, estavam os principais apoiadores de seu governo quando da campanha a favor do retorno do presidencialismo: entidades de trabalhadores urbanos e rurais, operários e camponeses, que desenvolviam sua organização e ações diretas, com a criação de organismos como o Comando Geral dos Trabalhadores (CGT), as Ligas Camponesas, o crescimento significativo do sindicalismo rural e nas manifestações crescentes de greves e ocupações de terras.[249]

Do outro lado, estava a conspiração golpista envolvendo empresários, grandes proprietários de terras, militares de alta patente e indivíduos da burocracia técnica de setores privados e públicos, contrários à estratégia de desenvolvimento de tipo "varguista", refratários às reformas socioeconômicas de base e tendo à sua frente, como órgão de vanguarda, o "complexo" conspiratório formado pelo Instituto de Pesquisas e Estudos Sociais (IPES) e pelo Instituto Brasileiro de Ação Democrática (IBAD). Dotados de amplos recursos materiais e humanos, além de grande capacidade de articulação, influência e propaganda em diversos meios de comunicação, difundiram amplamente as ideias da "ameaça comunista" e da "subversão" supostamente levada a cabo pelos movimentos operários e camponeses, e, no limite, pelo próprio governo, obtendo o apoio de significativos setores sociais para o golpe de 1964.[250]

Na medida em que o polo direito do conflito de classe mostrou-se mais abertamente hostil em relação ao governo, chegando mesmo à ruptura e à conspiração aberta, Goulart começou a adotar decididamente medidas que atendiam aos anseios do movimento popular. No grande comício de 13 de março de 1964 assina publicamente um

---

249 Delgado, Lucília de Almeida Neves. *O Comando Geral dos Trabalhadores no Brasil – 1961-1964*. 2ª ed. Petrópolis: Vozes, 1986; Ianni, Octavio. *O colapso do populismo no Brasil*. 3ª ed. Rio de Janeiro: Civilização Brasileira, 1975.
250 Dreifuss, René Armand. *1964: A conquista do estado*. Ação política, poder e golpe de classe. 3ª ed. Petrópolis: Vozes, 1982.

decreto de expropriação de terras nas margens de rodovias federais ou que tenham sido beneficiadas de alguma maneira por recursos da União, dentre outras medidas. A reação da direita não tardou e logo começaram as "Marchas da Família, com Deus e pela Liberdade", organizadas pela parcela conservadora da Igreja Católica, além da direita civil e militar, que contaram com massiva adesão. Entre 30 de março e 1º de abril a conspiração empresarial-militar manifesta-se na forma de um vitorioso golpe de Estado, que deu origem a uma ditadura que durou vinte e um anos.

Como dissemos, a crise do modelo de desenvolvimento de Kubitschek alcançou não apenas a economia brasileira, como também as próprias ideias desenvolvimentistas, tanto as mais quanto as menos nacionalistas. Desde 1959 elevavam-se os conflitos entre o Brasil e o Fundo Monetário Internacional acerca da negociação da dívida externa do país e da recepção de novos empréstimos, o que permitiu à direita udenista, comandada por Carlos Lacerda, iniciar uma ofensiva ideológica, acabando por eleger seu candidato Jânio Quadros nas eleições de 1960.

A crise econômica e a derrota eleitoral da frente nacionalista rebateram na perda de confiança na estratégia econômica desenvolvimentista, o que, por suposto, abalou também o pensamento do ISEB – já em processo de ebulição por conta das saídas intempestivas de isebianos, desde 1959 (Jaguaribe, 1988). A própria CEPAL, uma das principais fontes das ideias isebianas, começou a realizar "ajustes" na sua forma de pensar, passando a identificar "falhas" e "distorções" no processo de industrialização latino-americano, abandonando a hipótese de que "a mera diversificação industrial promoveria o fim da condição periférica".[251]

---

251 Colistete, Renato Perim. O desenvolvimentismo cepalino: problemas teóricos e influências no Brasil. *In: Estudos Avançados*, 15 (41), 2001, p. 25. Disponível em http://www.scielo.br/pdf/ea/v15n41/v15n41a04.pdf. Acesso em 6 de novembro de 2012.

Contudo, a forma como a crise do nacionalismo desenvolvimentista rebateu no ISEB não foi pela adesão de seus intelectuais à influência da ortodoxia liberal adotada pelo governo Quadros, que refletia, em última instância, o programa dos setores conservadores. Ao contrário, o ISEB foi se radicalizando para a esquerda por conta de sua opção pela aproximação aos movimentos sociais populares, tanto o sindical, quanto o camponês e o estudantil, realizando um balanço crítico da estratégia de desenvolvimento do governo Kubitschek. Para os isebianos da "segunda fase", o programa de JK, apesar de ter sido importante para o desenvolvimento do país, pouco teria contribuído "para atenuar as graves desigualdades sociais e regionais existentes na sociedade brasileira".[252]

Como já mencionado antes, posteriormente às rupturas que fizeram com que alguns intelectuais da "primeira fase" do ISEB deixassem o Instituto, os quadros da instituição foram preenchidos com jovens professores, alguns recém-formados, como Wanderley Guilherme dos Santos, Joel Rufino dos Santos, Pedro Celso Cavalcanti, Pedro de Alcântara Figueira, Jorge Miglioli e Helga Hoffmann. Altera-se também a forma de atuação do ISEB: de cursos de nível pós-universitário e palestras acadêmicas para "cursos extraordinários" proferidos para entidades representativas de movimentos sociais; e de livros e relatórios resultantes de pesquisas e aulas para publicações de divulgação para públicos amplos, como os *Cadernos do povo brasileiro* e o projeto de livros didáticos *História Nova*.[253]

---

252 Toledo, Caio Navarro de. ISEB: ideologia e política na conjuntura do golpe de 1964. *In:* Toledo. Caio Navarro de (Org.). *Intelectuais e política no Brasil*. A experiência do ISEB. Rio de Janeiro: Revan, 2005, p. 156.
253 Miglioli, Jorge. O ISEB e a encruzilhada nacional. *In:* Toledo, Caio Navarro de (Org.). *Intelectuais e política no Brasil*. A experiência do ISEB. Rio de Janeiro: Revan, 2005, p. 59-76; Pereira, Alexsandro Eugenio. Intelectuais, política e cultura na formação dos intelectuais do ISEB. *In:* Toledo, Caio Navarro de (Org.). *Intelectuais e política no Brasil*. A experiência do ISEB. Rio de Janeiro: Revan, 2005, p. 119-135. Sobre as atividades extraor-

A *Coleção História Nova* – um projeto que previa a publicação de dez volumes, dos quais foram publicados apenas cinco até o golpe de 1964, que o interrompeu – foi uma iniciativa dirigida por Nelson Werneck Sodré, junto a alguns dos (à época, jovens) professores de História que integraram o ISEB, como Rufino, Figueira e Cavalcanti Neto, além de Maurício Martins de Mello e Rubem César Fernandes. Foi publicada pelo Ministério da Educação e Cultura (MEC), através de sua Campanha de Assistência ao Estudante (CASES), dirigida por Roberto Pontual, que fora estagiário no ISEB. Todos os jovens historiadores tinham sido alunos da Faculdade Nacional de Filosofia (FNFi) da Universidade do Brasil, integrantes do movimento estudantil, e possuíam, desde os tempos de estudantes, uma séria preocupação com o ensino de História e com a questão do Livro Didático.[254]

Talvez pelo fato de sua natureza estar vinculada ao trabalho acadêmico, o grande movimento parceiro do ISEB foi mesmo o movimento estudantil, em especial através de sua principal entidade representativa, a União Nacional dos Estudantes (UNE). De tal modo que uma das principais iniciativas da entidade, o seu Centro Popular de Cultura (CPC), teve no Instituto um de seus embriões.[255] Em conjunto, ISEB e CPC publicaram um "volume

---

dinárias do Instituto, Nelson Werneck Sodré menciona que seus interrogadores no Inquérito Policial-Militar (IPM) do ISEB achavam "espantoso que um Instituto de Estudos Superiores se preocupasse em ensinar a trabalhadores e a estudantes, levando, além de tudo, esse ensino para fora de suas salas". Para o historiador, esse teria sido "um dos méritos do ISEB", o de levar seu ensino "aonde fosse solicitado". Conta ele que, para alguns, parecia uma "quebra da alta dignidade da cátedra pós-universitária" (Sodré, 2005, p. 80).

254 Lourenço, Elaine. História Nova do Brasil: revisitando uma obra polêmica. *In: Revista Brasileira de História*, vol. 28, nº 56, 2008, p. 385-406.

255 Para escrever uma peça intitulada, *A mais-valia vai acabar, seu Edgar*, Oduvaldo Vianna Filho (o "Vianinha") e Chico de Assis, anteriormente membros do Teatro de Arena, "foram procurar alguém no ISEB para uma explicação ao mesmo tempo científica e didática" sobre a questão da origem do lucro capitalista, o mecanismo da mais-valia. No Instituto, conhecem Carlos Estevam Martins, que no momento trabalhava no ISEB. Interessado na proposta, Estevam mergulha de cabeça no projeto, abandona o Instituto e torna-se o primeiro presidente do CPC, em 1962 (Martins, 2008).

extra" dos *Cadernos do povo brasileiro*, intitulado *Violão de rua*. Lançado em 1962 e organizado diretamente pelo Centro reunia poemas de Affonso Romano de Sant'anna, Ferreira Gullar, Jair Paulo Paes, Moacyr Felix, Paulo Mendes Campos, Reynaldo Jardim e Vinícius de Moraes (CPC-UNE, 1962).

Os chamados *Cadernos do povo brasileiro* foram uma coleção coordenada por Álvaro Vieira Pinto, diretor do ISEB entre 1962 e 1964, e por Ênio Silveira, chefe da editora *Civilização Brasileira*, que os publicou. A coleção era formada por um conjunto de pequenos livros, escritos sem grande preocupação com os rigores formais de uma publicação acadêmica, com títulos interrogativos, denotando uma finalidade didática, visando a um público bem amplo, e cujo conteúdo era composto por temas como desenvolvimento econômico, greves de trabalhadores, reforma agrária, condições de vida da população brasileira, história do Brasil, revolução, socialismo etc.[256]

A proximidade do ISEB com o CPC contribuiu para o grande sucesso editorial dos *Cadernos do povo brasileiro*, que chegaram a "vender 100 mil exemplares em duas edições sucessivas" em "bancas de jornal e livrarias a preço baixo".[257] Se, por um lado, de acordo com o próprio Ênio da Silveira, o ISEB, "ainda que indiretamente", "contribuiu de forma bem marcada para dar ao CPC as grandes coordenadas de sua atuação",[258] é verdade também que o Centro Popular de Cultura da UNE tornou-se "a

---

256 Os dois membros remanescentes do "primeiro ISEB", Vieira Pinto e Nelson Sodré, publicaram na coleção os livros *Por que os ricos não fazem greve?* e *Quem é o povo no Brasil?*, respectivamente, assim como alguns dos jovens – Jorge Miglioli (*Como são feitas as greves no Brasil?*), Helga Hoffmann (*Como planejar nosso desenvolvimento?*) e Wanderley dos Santos (*Quem dará o golpe no Brasil?*).
257 Galucio, Andréa Lemos Xavier. *Civilização Brasileira e Brasiliense: trajetórias editoriais, empresários e militância política*. Tese (Doutorado em História). Programa de Pós--Graduação em História Social. Universidade Federal Fluminense, Niterói, 2009, p. 130.
258 Silveira, Ênio. Prefácio. *In*: Barcellos, Jalusa. *CPC da UNE: uma história de paixão e consciência* (Depoimentos a Jalusa Barcellos). Rio de Janeiro: Nova Fronteira, 1994, p. 11.

grande mola propulsora da incrível inserção dos *Cadernos* junto à sociedade brasileira, notadamente seus movimentos sociais, sindicais e políticos", constituindo-se "como um departamento de *agit-prop*" ligado ao ISEB.[259]

Considerações finais

Durante todo o seu período de existência, o ISEB atuou "em várias e significativas frentes do debate intelectual".[260] Os números impressionantes das vendas dos *Cadernos do povo brasileiro* nos dão uma ideia do tamanho da influência que o Instituto estava exercendo na sociedade brasileira no início da década de 1960. Mesmo posteriormente, uma série de conceitos formulados, reformulados e difundidos pelos intelectuais isebianos, tanto no "primeiro" quanto no "segundo" ISEB, como "transplantação cultural", "cultura alienada", "autenticidade cultural" etc., continuaram a fazer parte de debates políticos e mesmo no campo das artes, embora nem sempre se tenha consciência disso. De fato, "toda uma série de conceitos políticos e filosóficos que são elaborados" pelo ISEB "se difundem pela sociedade e passam a constituir categorias de apreensão e compreensão da realidade brasileira".[261]

Tornou-se comum, todavia, entre ex-integrantes do ISEB, a depreciação da segunda fase do Instituto com insinuações a seu suposto "esquerdismo" e perda de qualidade de suas atividades. Nas palavras de Nelson Sodré, o ISEB teria padecido de um "sectarismo de esquerda", opinião partilhada, em outros termos, por outros ex-isebianos, como Hélio Jaguaribe, que dizia que o ISEB tinha se

---

259 Lovatto, Angelica. Ênio Silveira e os *Cadernos do povo brasileiro*: nacionalismo e imperialismo nos anos 1960. *In: Anais do IV Simpósio Lutas Sociais na América Latina*. Universidade Estadual de Londrina, 14 a 17 de setembro de 2010, p. 93.
260 Toledo, Caio Navarro de (2005). *Op. cit.*, p. 162.
261 Ortiz, Renato. *Cultura brasileira e identidade nacional*. 5ª ed. São Paulo: Brasiliense, 2006, p. 47.

tornado uma "linha auxiliar" do Partido Comunista, e de Guerreiro Ramos, que acusava o Instituto de ter se tornado uma agência eleitoreira e uma "escola de marxismo-leninismo".

Jorge Miglioli[262] reconhece que, não somente os jovens professores que ingressaram no ISEB, no começo dos anos de 1960, eram de esquerda, influenciando o Instituto nesta direção, como também que alguns deles eram efetivamente militantes do PCB. Mas, aproximar-se da posição dos comunistas implicava numa "prova" da "radicalização" do Instituto? A posição do Partido não era muito distante daquela do "primeiro ISEB" (e de Sodré e Vieira Pinto, ainda no "segundo ISEB"): a defesa de uma aliança política entre burguesia nacional e trabalhadores em prol do desenvolvimento capitalista industrial, realizado nas condições da normalidade democrática, mas acrescido das reformas de base.[263] Além do mais, ao se empenhar na defesa da legalidade do governo de João Goulart, pressionando-o para pôr em prática as reformas de base, os "últimos" isebianos aproximaram-se de outras forças de esquerda, como os trabalhistas de esquerda e os católicos progressistas.

Na modesta opinião deste trabalho, o ISEB, em um contexto de polarização social em que a posição de neutralidade e/ou de conciliação não levariam a lugar algum – basta observar a inépcia do governo Goulart, quando adotou a segunda –, corajosamente optou pelo polo do conflito, que significava a ampliação dos direitos sociais,

---

262 Miglioli, Jorge (2005). *Op. cit.*, p. 73-75.
263 O PCB apenas não nutria muita confiança na burguesia "nacional", na sua capacidade e disposição de se defrontar contra o imperialismo, defendendo que a hegemonia, dentro da aliança policlassista, deveria ser dos trabalhadores. Depois de 1954, o Partido veio moderando crescentemente suas posições, chegando ao ponto de, para obter o direito de dispor de uma legenda legal, alterar seu estatuto, retirando as referências à "ditadura do proletariado" e ao "marxismo-leninismo", mudando o próprio nome de Partido Comunista "do Brasil", para "Brasileiro", para se apresentar como um partido nacional, não mais como uma seção brasileira do "comunismo internacional". Por conta dessas alterações, uma ala "ortodoxa" saiu do partido para fundar o PCdoB, em 1962, que recupera o nome por extenso original. *Cf.* Silva e Santana, 2007, p. 121-129, *passim*.

a melhoria da qualidade de vida da população brasileira e o aprofundamento da democracia. A urgência do momento exigia muito mais uma atitude de "agitação e propaganda" do que de debates acadêmicos e formulação de programas de governo.

Por fim, aqui são endossadas as conclusões de Toledo, quando afirma que, apesar "das evidentes diferenças entre os autores e as distintas fases do Instituto", deve ser ressaltada a "continuidade político-ideológica entre o 'primeiro' e o 'último ISEB'". Pela importância de sua influência, "seja em sua 'fase teorizante', seja em sua 'fase militante', o ISEB desempenhou um papel relevante na vida política e cultural do Brasil".[264]

Referências bibliográficas

ABREU, Alzira Alves de. A ação política dois intelectuais do ISEB. *In:* TOLEDO, Caio Navarro de (Org.). *Intelectuais e política no Brasil.* A experiência do ISEB. Rio de Janeiro: Revan, 2005, p. 97-117.

ALMEIDA, Candido Mendes de. ISEB: fundação e ruptura. *In:* TOLEDO, Caio Navarro de (Org.). *Intelectuais e política no Brasil*: a experiência do ISEB. Rio de Janeiro: Revan, 2005.

BANDEIRA, Luiz Alberto Moniz. *O Governo João Goulart*: as lutas sociais no Brasil. Rio de Janeiro: Civilização Brasileira, 1977.

BIELSCHOWSKY, Ricardo. *Pensamento econômico brasileiro*: o ciclo ideológico do desenvolvimentismo. 4ª ed. Rio de Janeiro: Contraponto, 2000.

BRASIL. Decreto nº 37.608, de 14 de julho de 1955. Disponível em http://www2.camara.leg.br/legin/fed/decret/1950-1959/decreto-37608-14-julho-1955-336008-publicacaooriginal-1-pe.html. Acesso em 25 de março de 2013.

CAPUTO, Ana Cláudia. *Desenvolvimento econômico brasileiro e Investimento Direto Estrangeiro: uma análise da Instrução 113 da*

---
[264] Toledo, Caio Navarro de (2005). *Op. cit.*, p. 162.

SUMOC – 1955/1963. Dissertação (Mestrado em Economia). Faculdade de Economia. Universidade Federal Fluminense, Niterói, 2007.

CARDOSO, Fernando Henrique. *Empresário industrial e desenvolvimento econômico no Brasil*. 2ª ed. São Paulo: DIFEL, 1971.

COLISTETE, Renato Perim. O desenvolvimentismo cepalino: problemas teóricos e influências no Brasil. *In: Estudos Avançados*, 15 (41), 2001. Disponível em http://www.scielo.br/pdf/ea/v15n41/v15n41a04.pdf. Acesso em 6 de novembro de 2012.

CPC-UNE. (Org.). *Violão de rua*. (Antologia de Poemas). Rio de Janeiro: Civilização Brasileira, 1962.

DELGADO, Lucília de Almeida Neves. *O Comando Geral dos Trabalhadores no Brasil – 1961-1964*. 2ª ed. Petrópolis: Vozes, 1986.

DREIFUSS, René Armand. *1964: A conquista do estado*. Ação política, poder e golpe de classe. 3ª ed. Petrópolis: Vozes, 1982.

GALUCIO, Andréa Lemos Xavier. *Civilização Brasileira e Brasiliense: trajetórias editoriais, empresários e militância política*. Tese (Doutorado em História). Programa de Pós-Graduação em História Social. Universidade Federal Fluminense, Niterói, 2009.

GRAMSCI, Antonio. *Cadernos do cárcere*. Vol. 2. 3ª ed. Rio de Janeiro: Civilização Brasileira, 2004.

IANNI, Octavio. *O colapso do populismo no Brasil*. 3ª ed. Rio de Janeiro: Civilização Brasileira, 1975.

JAGUARIBE, Hélio. Entrevista a Hiro Barros Kumasaka e Luitgarde O. C. Barros. *História da Ciência*. Depoimentos orais realizados pelos Arquivos Históricos do CLE/UNICAMP, 1988. Disponível em: http://www.cle.unicamp.br/arquivoshistoricos/Audiovisual/Depoimentos_Historal/ehelio.pdf. Acesso em 15 de outubro de 2012.

JAGUARIBE, Hélio. O ISEB e o desenvolvimento nacional. *In*: TOLEDO, Caio Navarro de (Org.). *Intelectuais e política no Brasil. A experiência do ISEB*. Rio de Janeiro: Revan, 2005, p. 31-42.

LAFER, Celso. O planejamento no Brasil – observações sobre o Plano de Metas (1956-1960). *In*: LAFER, Betty Mindlin (Org.). *Planejamento no Brasil*. 3ª ed. São Paulo: Editora Perspectiva, 1975.

LOURENÇO, Elaine. História Nova do Brasil: revisitando uma obra polêmica. *In: Revista Brasileira de História*. Vol. 28, nº 56, 2008, p. 385-406.

LOVATTO, Angelica. Ênio Silveira e os *Cadernos do povo brasileiro*: nacionalismo e imperialismo nos anos 1960. *In: Anais do IV Simpósio Lutas Sociais na América Latina*. Universidade Estadual de Londrina, 14 a 17 de setembro de 2010.

MACEDO, Roberto B. M. Plano Trienal de Desenvolvimento Econômico e Social. *In*: LAFER, Betty Mindlin (Org.). *Planejamento no Brasil*. 3ª ed. São Paulo: Editora Perspectiva, 1975.

MANDEL, Ernest. *O capitalismo tardio*. São Paulo: Abril Cultural, 1982.

MARINI, Ruy Mauro. *Dialética da dependência*. Rio de Janeiro: Vozes; Buenos Aires: CLACSO, 2000.

MARTINS, Carlos Estevam. História do CPC (Depoimento). *In*: FÁVERO, Osmar; BRENNER, Ana Karina. (Orgs.). *Educação popular (1947-1966)*. DVD: NEDEJA/UFF/ FAPERJ, 2008.

MELO, Demian Bezerra de. *Crise orgânica e ação política da classe trabalhadora brasileira: a primeira greve geral nacional (5 de julho de 1962)*. Tese (Doutorado em História). Departamento de História. Universidade Federal Fluminense, Niterói, 2013.

_____. *O plebiscito de 1963: Inflexão de forças na crise orgânica dos anos 60*. Dissertação (Mestrado em História). Departamento de História. Universidade Federal Fluminense, Niterói, 2009.

MIGLIOLI, Jorge. O ISEB e a encruzilhada nacional. *In:* TOLEDO, Caio Navarro de (Org.). *Intelectuais e política no Brasil.* A experiência do ISEB. Rio de Janeiro: Revan, 2005, p. 59-76.

OLIVEIRA, Francisco de. Economia brasileira: crítica à razão dualista. *In: Seleções CEBRAP.* São Paulo: Brasiliense, 1975.

ORTIZ, Renato. *Cultura brasileira e identidade nacional.* 5ª ed. São Paulo: Brasiliense, 2006.

PEREIRA, Alexsandro Eugenio. Intelectuais, política e cultura na formação dos intelectuais do ISEB. *In:* TOLEDO, Caio Navarro de (Org.). *Intelectuais e política no Brasil.* A experiência do ISEB. Rio de Janeiro: Revan, 2005, p. 119-135.

RIBEIRO, Thiago Reis Marques. *Das missões à comissão: ideologia e projeto desenvolvimentista nos trabalhos da "Missão AbbInk" (1948) e da Comissão Mista Brasil-Estados Unidos (1951-1953).* Dissertação (Mestrado em História). Departamento de História. Universidade Federal Fluminense, Niterói, 2012.

SANTOS, Joel Rufino dos. História Nova: o conteúdo histórico do último ISEB. *In:* TOLEDO, Caio Navarro de (Org.). *Intelectuais e política no Brasil.* A experiência do ISEB. Rio de Janeiro: Revan, 2005, p. 53-57.

SCHWARTZMAN, Simon. O Pensamento Nacionalista e os 'Cadernos de Nosso Tempo', 1979, s. p. Extraído de http://www.schwartzman.org.br/simon/cadernos.htm. Acesso em jun. de 2016.

SILVA, Fernando Teixeira da; SANTANA, Marco Aurélio. O equilibrista e a política: o 'Partido da Classe Operária' (PCB) na democratização (1945-1964). *In:* FERREIRA, Jorge; REIS, Daniel Aarão (Orgs.). *Nacionalismo e reformismo radical (1945-1965).* Rio de Janeiro: Civilização Brasileira, 2007, p. 103-140.

SILVEIRA, Ênio. Prefácio. *In:* BARCELLOS, Jalusa. *CPC da UNE: uma história de paixão e consciência* (Depoimentos a Jalusa Barcellos). Rio de Janeiro: Nova Fronteira, 1994.

SODRÉ, Nelson Werneck. A repressão aos intelectuais do ISEB. *In:* TOLEDO, Caio Navarro de (Org.). *Intelectuais e política no Brasil.* A experiência do ISEB. Rio de Janeiro: Revan, 2005, p. 77-94.

TOLEDO, Caio Navarro de. ISEB: ideologia e política na conjuntura do golpe de 1964. *In:* TOLEDO, Caio Navarro de (Org.). *Intelectuais e política no Brasil.* A experiência do ISEB. Rio de Janeiro: Revan, 2005, p. 137-164.

_____. *ISEB: fábrica de ideologias.* São Paulo: Ática, 1977.

VALE, Antônio Marques do. *O ISEB, os Intelectuais e a diferença: um diálogo teimoso na educação.* São Paulo: Ed. UNESP, 2006.

Contribuições de Gilberto Freyre e Sérgio Buarque de Holanda ao pensamento social brasileiro

MIRIAN ALVES DE SOUZA[265]

Gilberto Freyre (1900-1987) e Sergio Buarque de Holanda (1902-1982) são duas referências fundamentais para o pensamento social brasileiro. Grandes intérpretes do Brasil, suas narrativas são reconhecidas por escritores, antropólogos, sociólogos, historiadores e críticos, suscitando entre eles reflexões, como as que fizeram Antonio Candido, Édson Néri da Fonseca, Elide Rugai Bastos, Roberto DaMatta, Darcy Ribeiro, Guillermo Gucci, Maria Lúcia G. Pallares-Burke, Omar Ribeiro Thomaz, Peter Burke, Stuart B. Schwartz, Ricardo Benzaquen de Araújo, Maria Alice Rezende de Carvalho, Lilia Schwarcz, Murilo de Carvalho, Wilson Martins, Ronaldo Vainfas e Wamireh Chacon.[266]

Neste texto, realçamos as contribuições de Gilberto Freyre e Sergio Buarque de Holanda focalizando dois aspectos: Primeiro,

---

[265] Doutora em Antropologia pelo Programa de Pós-graduação em Antropologia da Universidade Federal Fluminense PPGA/UFF. Professora de Antropologia da UFF e pesquisadora do Instituto de Estudos Comparados em Administração Institucional de Conflitos InEAC-INCT/UFF.

[266] Estes autores são referências no presente texto e alguns deles participaram da edição crítica de *Casa grande & Senzala* da Coleção Archivos, que reúne comentários, poesias e outros textos sobre o livro de Gilberto Freyre e sua produção intelectual. *Cf.* Freyre, Gilberto. *Casa grande & Senzala*. Edição crítica. Giucci, Guillermo; Rodriguez, Enrique; Fonseca, Edson N. da (Coord.). 1ª ed. Lisboa, São Paulo: ALLCA XX, 2002.

a ideia de que ambos contribuíram para o pensamento social brasileiro ao oferecerem interpretações originais para a realidade sociológica e antropológica do Brasil. Gilberto Freyre construiu uma narrativa inovadora e estruturada a partir do hibridismo e Sergio Buarque de Holanda uma narrativa igualmente original sobre a cordialidade brasileira. Eles ofereceram uma interpretação global do Brasil, sendo amplamente reconhecidos como autores que imaginaram a narrativa nacional.[267] Segundo, Gilberto Freyre e Sergio Buarque buscaram os fundamentos culturais da sociedade. Na década de 1930, os dois autores escreveram livros, obras que já nasceram clássicas, referências fundamentais na (re)construção do Brasil enquanto nação. Em *Casa Grande & Senzala* de 1933 e *Raízes do Brasil* de 1936, eles enfatizaram aspectos culturais e construíram narrativas estruturantes sobre o Brasil valorizando a dimensão cultural.

Gilberto Freyre e a narrativa nacional brasileira

A narrativa nacional brasileira oficial é marcada pela ideia da mestiçagem. A concepção de que o brasileiro é resultado da miscigenação entre a população indígena nativa, o escravo negro africano e o colonizador branco português informa a narrativa oficial. A história do Brasil é contada em alguma medida a partir da contribuição e do encontro entre as "três raças: o índio, o negro e o branco". *Casa Grande & Senzala*, publicado por Gilberto Freyre em 1933, é estruturado

---

267 O conceito de imaginação é explorado pelo antropólogo Benedict Anderson em seu livro "*Comunidades Imaginadas*". Usando o termo "imaginação" evidenciamos que a narrativa elaborada pelos autores são construções sociais e políticas, marcadas por relações de poder e historicamente situadas. Outro termo muito explorado neste texto é o de narrativa nacional, em relação ao qual conceitualmente também recorremos a Benedict Anderson e Eric Hosbsbawm. Ambos recusaram o essencialismo de definições rígidas e naturalizantes. Anderson, em particular, mostrou o papel de uma elite intelectual na construção de narrativas nacionais, recorrendo a elementos culturais. *Cf.* Anderson, Benedict. *Comunidades Imaginadas*. São Paulo: Companhia das Letras, 2008; Hobsbawm, Eric; Ranger, Terence. *A Invenção das Tradições*. São Paulo: Paz e Terra, 2002.

considerando as "três raças" mencionadas acima como responsáveis pelo hibridismo da sociedade brasileira. A temática da plasticidade, do híbrido e miscigenado informa a narrativa do livro, que ao lado de *Sobrados e Mocambos*, construiu um discurso público muito influente sobre a formação cultural do Brasil.

Gilberto Freyre, no entanto, não inaugurou a temática e narrativa da miscigenação no pensamento social brasileiro. Um certo "paradigma da mestiçagem" no pensamento não nasce com o seu *Casa Grande & Senzala*, inscrevendo-se em um debate mais antigo. Ele, entretanto, fortemente contribuiu para a formação deste "paradigma", distanciando-se do discurso racialista que hegemonicamente o antecedia.

A convicção de que a mestiçagem constituía a base particular da formação da sociedade remonta a Carl Friedrich Philipp von Martius, vencedor do concurso de melhor plano para a história do Brasil promovido, em 1840, pelo Instituto Histórico e Geográfico Brasileiro (IHGB).[268] Porém, como observa Ronaldo Vainfas, "von Martius não logrou grande êxito ou ressonância no século XIX. Se é verdade que os estudos incentivados e realizados pelo IHGB ajudaram a compreender o papel do índio em nossa formação histórica, pouca coisa se fez em relação ao negro".[269] O tema da miscigenação não teve ressonância no século XIX, mas ocupou bastante a atenção da intelectualidade brasileira no final desse século e nas primeiras décadas do XX. A razão tem a ver com questões de natureza menos intelectual e mais política e econômica. A segunda metade do século XIX é marcada pelo abolicionismo, imigração e profunda mudança política – passagem do Império para a República.

---

268   Sobre von Martius e o IHGB, *cf.* Guimarães, Manoel L. S. Nação e Civilização nos Trópicos: o IHGB e o projeto de uma História nacional. *In: Estudos Históricos*, nº 1, 1988, p. 3-27.
269   *Cf.* Vainfas, Ronaldo. Sexualidade e cultura em Casa Grande & Senzala. *In:* Freyre, Gilberto. *Casa Grande & Senzala*. Edição crítica. Giucci, Guillermo; Rodriguez, Enrique; Fonseca, Edson N. da (Coord.). 1ª ed. Lisboa, São Paulo: ALLCA XX, 2002, p. 771-785.

No século XX, autores de referência no pensamento social brasileiro, como Euclides da Cunha, Nina Rodrigues, Oliveira Viana, Alberto Torres e muitos outros[270] abordavam a realidade brasileira considerando a miscigenação. Porém, como Ronald Vainfas argumenta, nossa intelectualidade – "racista por ofício" – pensava o processo de miscigenação sobretudo em termos raciais. Diferente, Gilberto Freyre narra esse processo de forma original. Embora abordando a miscigenação, como muitos outros, ele tomou o processo de um ponto de vista culturalmente informado: "[antes de Gilberto Freyre] Dificilmente dimensionavam a mestiçagem em termos culturais, exceto para dela fazer derivar as imperfeições da cultura brasileira ou subculturas, como diziam os mais radicais na detração de nosso povo mestiço".[271]

A narrativa de *Casa Grande & Senzala* é, portanto, original e culturalmente informada. O livro, elogioso à mestiçagem, inova na abordagem ao considerá-la culturalmente positiva e ao atribuir um lugar novo ao escravo negro africano na formação nacional. Maria Alice Rezende de Carvalho argumenta que:

> [...] o aspecto a ser destacado é a aparente recusa de Freyre em condicionar a compreensão de Casa Grande & Senzala aos parâmetros intelectuais e políticos hegemônicos naquele contexto, não há ali respostas diretas aos seus interlocutores, a não ser em relação ao mito da inferioridade racial brasileira.[272]

---

270 Poucos autores eram críticos, como Manuel Bonfim, para quem a narrativa da miscigenação brasileira era inspirada em um "racismo científico" como o de Gobineau. *Cf.* Schwartz, Stuart. B. Gilberto Freyre e a história colonial: uma visão otimista. *In:* Freyre, Gilberto. *Casa Grande & Senzala.* Edição crítica. Giucci, G.; Rodriguez, E. L.; Fonseca, Edson N. da (Coord.). 1ª ed. Lisboa, São Paulo: ALLCA XX, 2002, p. 909-921.
271 Vainfas, Ronaldo (2002). *Op. cit.*, p. 772.
272 Carvalho, Maria Alice R. de. Casa Grande & Senzala e o pensamento social brasileiro. *In:* Freyre, Gilberto. *Casa Grande & Senzala.* Edição crítica. Giucci, Guillermo; Rodriguez, Enrique; Fonseca, Edson N. da (Coord.). 1ª ed. Lisboa, São Paulo: ALLCA XX, 2002, p. 892.

Nesse sentido, realçamos que Gilberto Freyre ao estabelecer a miscigenação como central em sua narrativa, diferencia-se dos autores de seu tempo ao considerá-la de um ponto de vista mais cultural e menos racial. Para ele, seria a articulação de diferentes tradições culturais, considerando seus contextos históricos e sociais, e não a hereditariedade racial ou o meio geográfico considerados isoladamente, o que teria possibilitado um "horizonte a reger nosso destino". Ricardo Benzaquen de Araújo argumenta que Gilberto Freyre não simplesmente abandona a noção de raça, mas que ele opera com uma definição neolamarckeana de raça, segundo a qual os seres humanos seriam adaptáveis e capazes de transmitir as características adquiridas na interação cultural e com o meio.[273]

Consideramos que o conceito de raça que emerge na obra do autor de *Casa Grande & Senzala* é weberiano, no sentido de se pensar a raça não como fundamento biológico, mas sim como uma construção sócio cultural. Abordando a pertinência do conceito de raça, Max Weber em seu tempo argumentou que raça era um fenômeno social. A legitimidade biológica do conceito foi negada por Weber já no começo do século XX.[274] Aproximando-se dessa filiação intelectual, que pensava o conceito de raça articulando-o a fatores históricos, culturais e políticos, Gilberto Freyre, aluno do antropólogo Franz Boas nos Estados Unidos, rejeitou os determinismos biológico e geográfico.

A ênfase nos aspectos culturais, característica da descrição de Gilberto Freyre, representa uma grande contribuição ao pensamento social brasileiro por ter influenciado a construção de narrativas mais analíticas e menos deterministas do Brasil. O crítico Wilson Martins observa que a:

---

273 *Cf.* Araújo, Ricardo Benzaquem de. *Guerra e paz: Casa Grande & Senzala e a obra de Gilberto Freyre nos anos 30.* Rio de Janeiro: Editora 34, 1994.
274 *Cf.* Weber, Max. Relações Comunitárias Étnicas. *In: Economia e Sociedade: Fundamentos da Sociologia Compreensiva.* Vol. 1. Brasília: Editora UnB, 1991 [1922], p. 267-277.

Gilberto Freyre pode-se empregar sem erro aquele qualificativo de maior. Porque ele não se limitou a concluir uma grande obra dentro dos quadros já anteriormente delimitados; o seu primeiro valor é ter renovado a nossa sociologia, é ter lhe dado um outro caráter, mais científico, mais verdadeiro.[275]

A narrativa de Gilberto Freyre rompe com as linhas hegemônicas no pensamento social brasileiro. No cenário intelectual do começo do século XX,

> [...] se falava do Brasil com uma linguagem paramédica. Na concepção de então, o atraso do Brasil decorria da famosa mistura de raças que era tomada como a principal característica da nossa formação. Realmente, era mais fácil falar de 'inferioridades raciais' do que de dominações sociais, políticas e econômicas.[276]

Em *Casa Grande & Senzala*, Gilberto Freyre, ao privilegiar a narrativa etnográfica, descreveu a arquitetura das relações raciais no Brasil considerando aspectos culturais, políticos e de poder, tradicionalmente ignorados ou vistos de maneira muito etnocêntrica e racializada.

O antropólogo Roberto DaMatta informa que uma diferença central no pensamento de Gilberto Freyre em relação a muitos autores de seu tempo é que:

---

275 Martins, Wilson. Notas à margem de Casa Grande & Senzala. *In*: Freyre, Gilberto. *Casa Grande & Senzala*. Edição crítica. Giucci, Guillermo; Rodriguez, Enrique; Fonseca, Edson N. da (Coord.). 1ª ed. Lisboa, São Paulo: ALLCA XX, 2002, p. 986.
276 DaMatta, Roberto. A originalidade de Gilberto Freyre. *In*: *Boletim Informativo e Bibliográfico de ciências sociais – BIB*. Rio de Janeiro, nº 24, 1987, p. 6. Em outro texto, o antropólogo Roberto DaMatta argumenta que *Casa Grande & Senzala* teve três objetivos centrais: primeiro, o livro buscou romper com o racismo hegemônico de seu tempo. Para tanto, Gilberto Freyre centra sua descrição em aspectos culturais. Segundo, abordar temas considerados tabus, tais como a vida sexual da elite formadora do Brasil e de seus escravos de origem africana, apresentando a mestiçagem com algo positivo. Por fim, o livro assume o papel de mostrar a contribuição civilizadora do negro africano para a sociedade brasileira. *Cf.* DaMatta, Roberto. O Brasil como morada: Apresentação para Sobrados e Mucambos. *In*: *Sobrados e Mucambos: decadência do patriarcado rural e desenvolvimento do urbano*. 14ª ed. rev. São Paulo: Global, 2003.

> Pensava-se o Brasil como uma sociedade cujos males faziam na sua biologia e não na sua cultura e estrutura de poder [...] em *Casa Grande & Senzala*, Gilberto Freyre realiza uma démarche paradoxal, nem sempre percebida pelos críticos. É que, naquele livro, ele elaborou de verdade a "fábula das três raças" ao mesmo tempo que inicia a demolição crítica, tomando a "mestiçagem" muito mais com um processo situado no código histórico-cultural, do que no quadro de uma linguagem racial.[277]

Pode-se dizer que Gilberto Freyre, como se lê em *Casa Grande & Senzala*, construiu uma narrativa para o Brasil que, embora tenha tomado a miscigenação, como muitos outros autores, soube considerá-la de um ponto de vista original no pensamento brasileiro. Dois aspectos inovadores, realçados por antropólogos como Roberto DaMatta e Darcy Ribeiro, são o elogio ao hibridismo do brasileiro e a ênfase na vida cultural.

O hibridismo, escolhido como elemento-chave na formação nacional brasileira, não é apenas o resultado do intercurso sexual entre raças. Gilberto Freyre não tratou a miscigenação como dinâmica puramente biológica. A mestiçagem é menos biológica e mais cultural. Como vimos, embora a mistura de raças fosse considerada por outros autores como a principal característica da formação nacional, ela era concebida como um problema. Afinal, a mistura envolvia "inferioridades raciais". Diferente dessa perspectiva analítica, a interpretação de Freyre para a sociedade multirracial brasileira é otimista. Os problemas do Brasil não diziam respeito à biologia, devendo ser explicados pela cultura e estrutura de poder.

> Foi o estudo de antropologia sob orientação do professor Franz Boas que primeiro me revelou o negro e o mulato no seu justo valor – separados dos traços de raça e dos efeitos

---

[277] *Idem, loc. cit.*

do ambiente e da experiência cultural. Aprendi a considerar como fundamental a diferença entre raça e cultura; a discriminar entre os efeitos de relações puramente genéticas e os de influências sociais, de herança cultural e do meio.[278]

Em *Casa Grande & Senzala*, o Brasil é definido como uma sociedade desigual e culturalmente híbrida, misturando culturas rigidamente separadas em outros contextos nacionais e temporais. O resultado dessa mistura, o mestiço, é valorizado. A miscigenação torna o Brasil uma nação singular. Para Freyre, o que impediu o Brasil de ter se tornado mera extensão de Portugal na América foi a mistura racial e cultural, sobretudo com os africanos. Foram estes que, segundo Freyre, "encheram de alegria africana a vida brasileira". As características centrais para imaginar a nação brasileira – como docilidade, alegria e espontaneidade – são heranças da cultura africana. Ao lado dos portugueses, os africanos são representados como elementos civilizadores do Brasil. Gilberto Freyre inscreve os negros africanos na formação nacional como algo positivo.[279] Embora o ambiente patriarcal nordestino, herança dos portugueses, informe o modelo de nacionalidade, sendo o colonizador português o agente civilizador mais influente, Gilberto Freyre considerou a experiência dos negros africanos em seu modelo para a identidade nacional.

A especificidade da formação nacional brasileira é o hibridismo, a capacidade de misturar e aproximar elementos culturais desiguais em termos de poder. A mistura brasileira é, portanto,

---

278 Freyre, Gilberto. *Casa Grande & Senzala*. Edição crítica. Giucci, Guillermo; Rodriguez, Enrique; Fonseca, Edson N. da (Coord.). 1ª ed. Lisboa, São Paulo: ALLCA XX, 2002, p. 33.

279 Dois capítulos de *Casa Grande* são dedicados ao colonizador português. Igualmente, dois capítulos são dedicados à cultura africana no Brasil. Gilberto Freyre mostrou seu interesse pela cultura africana também quando organizou o I Congresso Afro-Brasileiro no Recife e manteve correspondência com estudiosos da África como o antropólogo americano Melville Herskovits.

resultado de relações verticais. O português é o elemento dominante, mas este se deixou influenciar pelo africano. Para Freyre, isso torna o português o portador da característica mais importante da vida colonial brasileira: o elemento da "plasticidade", do homem "sem ideais absolutos nem preconceitos inflexíveis". Essa plasticidade permitiu a influência da cultura africana na vida cultural brasileira. O modelo de dominação colonial português permitiu o desenvolvimento de relações com culturas diferentes.

A imaginação de Sergio Buarque de Holanda

Assim como Gilberto Freyre, Sergio Buarque de Holanda construiu uma interpretação original da formação nacional brasileira. Porém, se o primeiro autor tem na miscigenação o elemento estruturador de sua narrativa, o segundo valorizou a cordialidade do brasileiro como eixo discursivo.

Os autores de *Raízes do Brasil* e *Casa Grande & Senzala* buscaram na origem colonial do Brasil uma explicação para a realidade contemporânea. Como observa Antonio Candido, Gilberto Freyre e Sergio Buarque (ao lado de Caio Prado Júnior) representam uma geração que aprendeu "a refletir e se interessar pelo Brasil em termos de passado".[280] Gilberto Freyre, como sabemos, focalizou o hibridismo da colonização portuguesa, enquanto Sergio Buarque de Holanda enfatizou o predomínio das relações pessoais na estrutura social. Tanto o hibridismo quanto a cordialidade foram reconhecidos como parte fundamental de nossa "herança ibérica".

A plasticidade do português é considerada por Gilberto Freyre de forma positiva. O hibridismo é uma herança positiva, motivo também pelo qual é escolhido como diacrítico da nação brasileira na narrativa do escritor de *Casa Grande*. Para Sérgio

---

280 Candido, Antonio. O significado de 'Raízes do Brasil'. *In*: Holanda, Sergio B. de. *Raízes do Brasil*. São Paulo: Companhia das Letras, 1995, p. 9-24.

Buarque, no entanto, a herança portuguesa que marca a nação é negativa. Sérgio Buarque considerou o hibridismo do colonizador português em sua análise, mas em *Raízes do Brasil* essa plasticidade perdeu espaço para o desejo quase anárquico, marcado pela falta de planejamento, do colonizador no Brasil. Para ele, informada a partir de uma cultura ibérica, a estrutura social brasileira, rural e patriarcal, deveria ser analisada considerando a baixa capacidade de abstração e de racionalização da vida.

> A escolha dos homens que irão exercer funções públicas faz-se de acordo com a confiança pessoal que mereçam os candidatos, e muito menos de acordo com as suas capacidades próprias. Falta a tudo a ordenação impessoal que caracteriza a vida no Estado burocrático [...] É possível acompanhar ao longo de nossa história o predomínio constante das vontades particulares que encontram seu ambiente próprio em círculos fechados e pouco acessíveis a uma ordenação impessoal.[281]

Sérgio Buarque de Holanda argumenta que a cordialidade do brasileiro se expressa em sua dificuldade no cumprimento de ritos sociais que sejam rigidamente formais e não pessoais e afetivos e de separar, a partir de uma racionalização destes espaços, o que é público e o que é privado. Nessa perspectiva, o "homem cordial" é a personificação dessa herança ibérica.

Diferente do que se pode supor, considerando a definição mais difundida, cordialidade não é sinônimo de civilidade. Sérgio Buarque argumentou que o homem cordial não era gentil, mas sim um sujeito emocional em cujas ações predominam o pouco interesse pelas leis, pela razão, imperando uma confusão profunda entre sua vida pública e privada. Ao referir-se à cordialidade, Sérgio Buarque buscou enfatizar uma característica marcante do brasileiro, segundo sua imaginação:

---

281 Holanda, Sergio B. de. *Raízes do Brasil*. São Paulo: Companhia das Letras, 1995, p. 146.

A contribuição brasileira para a civilização será de cordialidade – daremos ao mundo o "homem cordial". A lhaneza no trato, a hospitalidade, a generosidade, virtudes tão gabadas por estrangeiros que nos visitam, representam, com efeito, um traço definido do caráter brasileiro, na medida, ao menos, em que permanece ativa e fecunda a influência ancestral dos padrões de convívio humano, informados no meio rural e patriarcal. Seria engano supor que essas virtudes possam significar "boas maneiras", civilidade.[282]

O discurso de Sérgio Buarque apresentou o colonialismo português criticamente. Para ele, a estrutura social herdada, rural e patriarcal, reproduzia um padrão de convívio no qual se impera o concreto sobre o abstrato, o emocional sobre o racional. O homem cordial representa a inexistência, no Brasil, de uma sociedade que pudesse servir de base ao Estado impessoal. Assim como Paulo Prado em seu *Retratos do Brasil* (1928), Sérgio Buarque expressou uma visão mais pessimista da colonização portuguesa no Brasil. Valorizando a dimensão cultural – como através da análise sobre o uso da terminação "inho", aposta às palavras, servindo para nos familiarizar mais com as pessoas ou os objetos – Sérgio Buarque mostrou como práticas familiares, privadas e domésticas são fundamentais para a compreensão do Estado brasileiro contemporâneo. Através de uma análise da "intimidade",[283] Sérgio Buarque descreveu padrões de convívio da vida privada que são reproduzidos na vida pública. A questão que se impôs em *Raízes do Brasil*, que buscou fundamentalmente apresentar as bases estruturantes da sociedade, era que se esses padrões se ficassem restritos à esfera

---

282 Holanda, Sergio B. (1995). *Op. cit.*, p. 146-147.
283 A antropóloga Lilia Moritz Schwarcz (2008, p. 86) observa que "cordialidade 'combina' muito mais com a ideia de intimidade". Ela também destaca que ao apresentar a esfera íntima, do familiar, do privado, Sergio Buarque mostrou que as estruturas mais arraigadas de sociabilidade e de uma hierarquia que se impõe na esfera do privado são observadas na esfera pública.

familiar e privada, não seriam em si problemáticos para se pensar a formação nacional.

Para o autor de *Raízes do Brasil*, a compreensão da organização política brasileira demanda o conhecimento de nossas raízes históricas e culturais, ou seja, é preciso conhecer as formas específicas da colonização ibérica que, em sua visão, primou pela "cultura da personalidade":

> Essa cultura da personalidade, que parece constituir o traço mais decisivo na evolução da gente hispânica, desde os tempos imemoriais. Pode dizer-se, realmente, que pela importância particular que atribuem ao valor próprio da pessoa humana, à autonomia de cada um dos homens em relação aos seus semelhantes no tempo e no espaço, devem os espanhóis e portugueses muito de sua originalidade nacional.[284]

Considerando sua visão crítica da herança ibérica, Sérgio Buarque argumentou que a cultura da personalidade era um obstáculo a qualquer forma de associação que tenha por base os interesses. A possibilidade de associação se dá muito mais através dos sentimentos, sendo estes que forjam o único tipo de disciplina possível: a *"obediência cega"*.[285] Esta, na medida em que não se estrutura sobre qualquer tipo de contrato ou lealdade tradicional, é a única que pode existir em um contexto no qual o apelo emocional é intenso, e onde o exercício constante da força apresenta-se como necessidade.

Nessa perspectiva, para Sérgio Buarque de Holanda, era necessário se pensar o processo que levaria a uma mudança no padrão de convívio público, herdado do colonizador português. Para ele, era necessário romper com as práticas culturais herdadas do modelo colonial português. Em sua narrativa, a superação

---
284 Holanda, Sergio B. (1995). *Op. cit.*, p. 32.
285 Roberto Kant de Lima (1995), em sua etnografia sobre a polícia, observa o papel de sensibilidades e valores morais na motivação do trabalho policial.

da herança ibérica era um desafio a ser conquistado. Como argumentou Antonio Candido, a narrativa de *Raízes do Brasil*, "consiste em sugerir (mais do que mostrar) como a dissolução da ordem tradicional ocasiona contradições não resolvidas, que nascem no nível da estrutura social e se manifestam no das instituições, ideias e políticas".[286] A ideia de que o livro de Sérgio Buarque – considerando o evidente título *Raízes* – buscou analisar o passado colonial é muito mais comum no que concerne aos comentários sobre ele do que a sua proposta, concebida por Antonio Candido, como revolucionária. Para Antonio Candido, Sérgio Buarque queria transformar o seu presente. Por fim, realçamos que o *"projeto revolucionário"* de Sérgio Buarque evidenciou sua distância em relação aos autores deterministas de seu tempo, que em muitos casos viam como irremediáveis os aspectos negativos do colonialismo português.

Considerações finais

Gilberto Freyre e Sergio Buarque construíram narrativas sobre o Brasil considerando o seu passado colonial como fundamental. Em seus livros, existem análises sobre a cultura ibérica. Eles, no entanto, apresentam visões distintas da herança do colonialismo português. Gilberto Freyre apresenta uma visão mais positiva e Sérgio Buarque de Holanda mais negativa. Em *Casa Grande & Senzala*, a herança ibérica, notadamente a capacidade de miscigenação do português estruturou uma sociedade, que apesar de desigual, desenvolveu relações sociais singulares e positivas. Em *Raízes do Brasil*, por sua vez, a herança ibérica, marcada pela cordialidade, deveria ser gradualmente eliminada para a construção de relações mais igualitárias e, portanto, menos pessoalizadas.

O hibridismo português foi considerado por Gilberto Freyre como o grande responsável pelo processo de mestiçagem do brasileiro. Ele

---
286 Candido, Antonio (1995). *Op. cit.*, p. 18.

reconhecia nesse processo o escravo negro africano como parte fundamental. Diferente da produção intelectual de seu tempo, Gilberto Freyre incluiu esse ator como elemento positivo na narrativa nacional. A miscigenação, em vários aspectos, era algo positivo que, de maneira complexa, criou uma dialética entre as relações de exploração e dominação, características do colonialismo e escravidão, e a intimidade sexual que garantiu a miscigenação. *Casa Grande & Senzala* aborda as relações de dominação, mas essa intimidade minimiza as relações de poder, produzindo um *"equilíbrio relativo"*.

Diferente dessa abordagem, Sérgio Buarque analisou o que, para ele, era central na herança colonial: a *"cultura da personalidade"*, que marca o Brasil enquanto uma sociedade que foi colonizada e escravocrata. O colonialismo português legou relações culturais que deveriam, para Sérgio Buarque de Holanda, ser dissolvidas para a composição de uma sociedade democrática. Nesse sentido, é considerada negativa a herança ibérica do predomínio das relações pessoais e rejeição à abstração burocrática.

Gilberto Freyre e Sérgio Buarque de Holanda construíram narrativas, que ao valorizar a descrição cultural e explorar a formação da sociedade desde o seu passado colonial, atenderam demandas do discurso nacionalista. Benedict Anderson[287] mostrou que nos processos de construção de narrativas nacionais, cabe aos intelectuais um lugar importante, porque são eles que imaginam a nação. Em suas narrativas, eles devem manejar histórias, símbolos, discursos, imagens e outras representações. E mesmo recorrendo a elementos culturais que estão disponíveis no mundo social e que podem ser diversos, cabe a eles selecioná-los ou não. Gilberto Freyre e Sérgio Buarque de Holanda, com originalidade e ênfase na vida cultural, contribuíram para o pensamento social brasileiro,

---

287 *Cf.* Anderson, Benedict (2008). *Op. cit.*

sendo uns dos autores mais influentes no que se refere à construção da narrativa nacional brasileira. A miscigenação e a cordialidade que estruturam essa narrativa também teve seus fundamentos a partir de livros como Casa Grande & Senzala e Raízes do Brasil.

Referências bibliográficas

ANDERSON, Benedict. *Comunidades Imaginadas*. São Paulo: Companhia das Letras, 2008.

ARAÚJO, Ricardo Benzaquem de. *Guerra e paz: Casa Grande & Senzala e a obra de Gilberto Freyre nos anos 30*. Rio de Janeiro: Editora 34, 1994.

CANDIDO, Antonio. O significado de 'Raízes do Brasil'. *In*: HOLANDA, S. B. de. *Raízes do Brasil*. São Paulo: Companhia das Letras, 1995, p. 9-24.

CARVALHO, Maria Alice R. de. Casa Grande & Senzala e o pensamento social brasileiro. *In*: FREYRE, Gilberto. *Casa Grande & Senzala*. Edição crítica. GIUCCI, G.; RODRIGUEZ, E. L.; FONSECA, Edson N. da (Coord.). 1ª ed. Lisboa, São Paulo: ALLCA XX, 2002, p. 887-908.

DAMATTA, Roberto. A originalidade de Gilberto Freyre. *In: Boletim Informativo e Bibliográfico de ciências sociais – BIB*. Rio de Janeiro, nº 24, 1987, p. 3-10.

_____. O Brasil como morada: Apresentação para Sobrados e Mucambos. *In: Sobrados e Mucambos: decadência do patriarcado rural e desenvolvimento do urbano*. 14ª ed. rev. São Paulo: Global, 2003.

FREYRE, Gilberto. *Casa Grande & Senzala*. Edição crítica. GIUCCI, Guillermo; RODRIGUEZ, Enrique; FONSECA, Edson N. da (Coord.). 1ª ed. Lisboa, São Paulo: ALLCA XX, 2002.

GUIMARÃES, Manoel L. S. Casa Grande & Senzala e o pensamento social brasileiro. *In: Estudos Históricos*, nº 1, 1988, p. 3-27.

HOBSBAWM, Eric; RANGER, Terence. *A Invenção das Tradições*. São Paulo: Paz e Terra, 2002.

HOLANDA, Sérgio B. de. *Raízes do Brasil*. São Paulo: Companhia das Letras, 1995.

LIMA, Roberto K. de. *A Polícia da Cidade do Rio de Janeiro: seus dilemas e paradoxos*. 2ª ed. Rio de Janeiro/RJ: Forense, 1995.

MARTINS, Wilson. Notas à margem de Casa Grande & Senzala. *In*: FREYRE, Gilberto. *Casa Grande & Senzala*. Edição crítica. GIUCCI, G.; RODRIGUEZ, E. L.; FONSECA, Edson N. da (Coord.). 1ª ed. Lisboa, São Paulo: ALLCA XX, 2002.

SCHWARCZ, Lilia M. Sérgio Buarque de Holanda e essa tal de 'cordialidade'. *In*: *Revista Ide Psicanálise e Cultura*. V. 31, nº 46, São Paulo, jun. 2008, p. 83-89.

SCHWARTZ, Stuart. B. Gilberto Freyre e a história colonial: uma visão otimista. *In*: FREYRE, Gilberto. *Casa Grande & Senzala*. Edição crítica. GIUCCI, Guillermo; RODRIGUEZ, Enrique; FONSECA, Edson N. da (Coord.). 1ª ed. Lisboa, São Paulo: ALLCA XX, 2002, p. 909-921.

VAINFAS, Ronaldo. Sexualidade e cultura em Casa Grande & Senzala. *In*: FREYRE, Gilberto. *Casa Grande & Senzala*. Edição crítica. GIUCCI, Guillermo; RODRIGUEZ, Enrique; FONSECA, Edson N. da (Coord.). 1ª ed. Lisboa, São Paulo: ALLCA XX, 2002, p.771-785.

WEBER, Max. Relações Comunitárias Étnicas. *In*: *Economia e Sociedade: Fundamentos da Sociologia Compreensiva*. Vol. 1. Brasília: Editora UnB, 1991 [1922], p. 267-277.

Darcy Ribeiro: o Brasil como desafio

EDGARD MALAGODI[288]

Nesta trama nefasta é que se estrutura a prática da corrupção como sistema. Seu defeito maior é ser habitualmente encarado como normal e aceitável.[289]
[Darcy Ribeiro]

Não se pode negar a Darcy Ribeiro a condição de antropólogo, educador e de pensador brasileiro de importância. Mas a veia que pulsava mais forte em seu peito era mesmo a de um militante político.[290] Isso no melhor sentido da palavra. No sentido da *Política* de Aristóteles, por exemplo. Alguém que compreendia que o drama ou a grandeza da espécie humana é ter que viver em coletividade – é ser um *zoon politikon* – e que a trajetória histórica trilhada por qualquer coletividade humana é alguma coisa absolutamente

---

288 Formado pela Escola de Sociologia e Política de SP, mestre pela *Freie Universität Berlin* (a dissertação foi sobre *Antropologia Dialética* de Darcy Ribeiro), doutor pela PUC-SP, e professor-titular em Teoria Social pela UFPB. Fez pós-doutorado na Universidade de Manchester e na UNICAMP. É tradutor do alemão de obras sociológicas clássicas (Karl Marx, Max Weber e outros). Sua pesquisa teórica foi sobre a penetração do capitalismo no campo, e fez pesquisas de campo em assentamentos rurais e agricultura familiar.
289 Ribeiro, Darcy. *O Brasil como problema*. Rio de Janeiro: Francisco Alves, 1995, p. 36.
290 Isso é revelado pelo próprio Darcy: "Entre os focos que atraem os homens, poucos me incandesceram. O poder também me atraiu sempre soberanamente. Nada há de maior e mais importante como a possibilidade que ele abre de reverter a História" (Ribeiro, Darcy. *Confissões*. São Paulo: Companhia das Letras, 1997, p. 525).

relevante. Um gosto e um sentido pela política que se fundamentava numa crença que se formou aí pelos anos quarenta e cinquenta, pela sua politização e militância no Partido Comunista, depois pelo estudo e pela convivência com várias etnias indígenas *avassaladas* pelo avanço inexorável do capitalismo brasileiro e pela incapacidade de seguidos governos de propor uma política pública consistente para enfrentar o que chamou de "transfiguração étnica". Seu interesse pela política, talvez despertado pelo próprio ambiente familiar – a convivência no interior de duas grandes famílias tradicionais, os Silveira e os Ribeiro, do Norte de Minas Gerais – e impulsionado pelas conjunturas políticas que vivenciou de perto – a crise do Getulismo, a montagem do governo JK, e depois a participação direta do governo Jango Goulart, do qual chegou a ser a segunda pessoa mais importante. Daí resultou uma crença muito forte, inabalável mesmo, de que, se a história tem suas determinações dialéticas e seus desígnios poderosos, que Darcy não negava nem subestimava, o rumo de qualquer coletividade, de todo um povo, como o brasileiro, poderia ser agarrado em suas próprias mãos e escrito de forma diferente, desde que suas lideranças mais lúcidas se dessem a esse trabalho. Darcy não apenas pensava assim, mas deu à sua própria vida a radicalidade desse pensamento.

No entanto, não é fácil no espaço de um artigo, dar uma imagem detalhada e equilibrada da atuação e do pensamento desse autor irreverente, ao longo de sua intensa militância de antropólogo, de pedagogo, intelectual latino-americano de projeção e de militante político. Este texto tem o objetivo de expor o núcleo de sua elaboração teórica, relacionando-a com as posições políticas concretas tomadas ao longo da vida. Também para melhor contextualizar o debate teórico, faremos, na primeira parte deste texto, uma breve exposição da trajetória de vida do autor. Adotaremos como fio condutor a montagem de sua teoria a partir do conjunto de suas obras que ele próprio denominou *Estudos de Antropologia da Civilização*. Uma exposição contextualizada de seu pensamento, como se tentará aqui, é importante porque as múltiplas facetas do personagem Darcy Ribeiro foram divulgadas de forma fragmentária, seja em decorrência de sua profusa produção literária, seja por seu nome estar vinculado a empreendimentos específicos (a criação da UnB, do Sambódromo e dos CIEPS no Rio, e do Memorial da América Latina, em São Paulo), ou aos contextos políticos momentâneos (sua vinculação ao PDT e à pessoa de Leonel Brizola, por exemplo, nos anos 1980 e 1990). Daí a importância de um texto que relacione estas diversas facetas com sua elaboração teórica mais geral e proponha uma contextualização histórica da sua obra com os principais movimentos ideológicos que marcaram a vida política do Brasil e da América Latina na época da formação de seu pensamento.

Como intelectual – antropólogo ou pensador brasileiro – e também como político, Darcy Ribeiro via o Brasil como *um país que insistia em não dar certo*. Mas por que então? A resposta dada por sua obra política e pessoal, mas também teórica, é que o Brasil se recusa insistentemente de tomar consciência daquilo de que é mais rico: suas origens raciais e culturais. E isso pela mesquinhez de suas classes dominantes. Quebrar o atraso do Brasil pressupõe tomar consciência de suas origens étnicas e tratá-las como uma riqueza. Não como um povo envergonhado, mas como um povo predestinado a dar certo e ser feliz. Esse é o resultado de estudos da formação diferenciada dos povos das Américas, especialmente do confronto entre América do Norte anglo-saxônica e América do Sul afro-latina e indígena. Esse era o escopo maior de Darcy Ribeiro. A ele dedicou sua vida tanto intelectual como prático-política.

O fato é que Darcy Ribeiro é identificado como um autor/pensador/antropólogo que via positivamente a miscigenação. Ele busca os valores positivos e quer que o Brasil se torne consciente de seu passado racial e cultural. Esse fato determinou uma imagem muito positiva de Darcy Ribeiro no exterior, na Europa e nos Estados Unidos, porque naturalmente se percebeu em seu universo a preocupação de pensar os países do Sul – da Ásia, África e América Latina – como herdeiros de um projeto próprio, que não se resume em copiar os modelos socioeconômicos e políticos da Europa ou da América do Norte. E politicamente, intelectualmente e teoricamente não se trata de traduzir os valores e conceitos da civilização europeia e norte-americana, mas criarmos os nossos próprios, a partir da retomada da história em nossas mãos e da enorme capacidade criativa que ele identifica em nosso patrimônio genético-cultural.

Trajetória pessoal

Darcy Ribeiro nasceu em Montes Claros, cidade ao norte de Minas Gerais, no dia 26 de outubro de 1922, filho de Reginaldo Ribeiro dos Santos e de Josefina Augusta da Silveira Ribeiro. O pai, farmacêutico de profissão, faleceu quando Darcy tinha apenas três anos; foi assim criado pela mãe, a quem esteve sempre muito apegado. *Mestra Fininha* completou seu curso normal depois de viúva, e fez história como educadora, virando nome de importante avenida na cidade. Pertencendo a duas grandes famílias tradicionais, com antepassados que remontavam à fundação da cidade e a colonização da região, Darcy Ribeiro cresceu vivendo dentro de casa os dramas da política mineira e nacional dos anos vinte e trinta. Teve uma infância e adolescência muito intensa em Montes Claros – *Moc*, no jargão local – cidade brasileira que marca o encontro do norte com o sul, de Minas com a Bahia, do Nordeste semiárido castigado pelas estiagens periódicas com o sul politiqueiro, empreendedor e aguerrido.

Com apenas 17 anos, em 1939, deixou sua cidade natal e foi para Belo Horizonte, onde deveria se formar médico. Darcy saía de casa já "feito", quer dizer, já tinha vontade própria e estava seguro de si, mas sentia na pele que iria enfrentar um mundo totalmente desconhecido. Iniciou os estudos na Faculdade de Medicina, mas logo descobriu "encantado" que podia frequentar os cursos das outras faculdades. Passou então a assistir com regularidade às aulas das faculdades de Filosofia e de Direito. Aí não apenas fez muitos amigos (Hélio Pelegrino, Raul de Sá Barbosa, Hélio Brant), mas teve intenso contato com a intelectualidade mineira da época. Afasta-se discretamente da religião, que era para ele a atmosfera asfixiante do contexto familiar e experimenta um interesse passageiro pelo Movimento Positivista, ao ponto de viajar (pela primeira vez) ao Rio de Janeiro especialmente para conhecer a Igreja Positivista do Brasil.[291] No entanto, não adere ao positivismo.

Começa então a sua experiência no movimento estudantil, quando ocorrem os primeiros contatos com o Partido Comunista Brasileiro, o *Partidão*, motivado, sobretudo, pela repulsa ao avanço nazista na Segunda Guerra Mundial. Passou a ter um envolvimento público no debate dos temas nacionais e internacionais. Ao mesmo tempo em que se politizava, posicionando-se contra o avanço do III Reich na Guerra (a queda de Paris o teria feito chorar!), também revelava uma inquietação intelectual e uma tendência ao questionamento permanente.[292] A participação no Diretório Central dos Estudantes em Minas e da criação da UNE

---

291 Experiência descrita em detalhes em Ribeiro (1997, p. 76).
292 Com o tio e amigo Raul Fernando, católico militante, depois diplomata de carreira, insistia: "Pense. Honestamente. Faça como eu, procure a sua verdade. Não se agarre a essa verdade pronta que lhe deram. Não preconceba. Busque a outra. A sua. Pense!" (Ribeiro, 1997, p. 107).

lhe permitiu convidar personalidades para dar conferências aos universitários. Pode então trazer a BH o sociólogo Donald Pierson, então professor da Escola Livre de Sociologia e Política de São Paulo, ocasião em que teve um contato mais direto com este intelectual estadunidense da Escola de Chicago, acompanhando-o na visita a várias cidades históricas mineiras. Isso também lhe valeu o convite e uma bolsa de estudos para cursar Sociologia em São Paulo. Após uma visita à família em Montes Claros, decide então abandonar a Medicina – que de fato nunca iniciara pra valer – e ir estudar Sociologia em São Paulo.

Na capital paulista vive uma vida dividida entre o estudo na faculdade e a militância ativa no *Partidão*. Desenvolve neste momento a dupla perspectiva: tornar-se um cientista social e ser um militante revolucionário organizado, na esquerda.[293] No momento não tinha consciência da contradição em que estava metido, mas já sentia as dificuldades que isso iria lhe trazer. Na militância partidária conheceu Berta Gleizer que se tornaria companheira na pesquisa etnológica e sua mulher, até a separação em meados dos anos 1970: continuariam sendo amigos próximos até o final da vida.

Saindo da Escola de Sociologia e Política vai trabalhar no SPI, o antigo Serviço de Proteção aos Índios, passando a ficar um enorme tempo na mata com os índios. Após realizar vários estudos etnológicos e publicar um estudo sobre os Kadiweu do Pantanal, pelo qual recebe um prêmio em 1952, deixa o SPI e, por indicação de Anísio Teixeira, vai para o Ministério da Educação e depois

---

293 "Eu vivia dividido entre o estudante atento e o ativista tarefeiro. Me dando às minhas duas almas sem limitações. Projetando o meu futuro, me via em certas horas como revolucionário profissional que seria presença dominante na revolução brasileira, uma espécie de Robespierre, por seu brilhantismo intelectual, por sua energia combativa e por seu destino de mártir guilhotinado. Eu queria tudo, até a guilhotina. Também me via com igual desenvoltura como cientista que faria a antropologia dos brasileiros. (...) Queria seguir para a Universidade de Chicago, onde, de 1948 a 1949, completaria meu doutorado" (Ribeiro, 1997, p. 127).

para a Casa Civil do Governo Goulart, função na qual enfrentaria a violência do Golpe de Estado de 1964.

Darcy tentou ainda convencer o presidente João Goulart a resistir ao golpe, mas Jango, para evitar o conflito sangrento, tomou o caminho do exílio, indo para o Uruguai, juntamente com Leonel Brizola e grande número de refugiados políticos. Darcy o acompanha no exílio e busca se inserir no ambiente acadêmico uruguaio. Nos primeiros anos de exílio sua vida se dividiu entre a atividade de professor e também mentor de uma reforma da universidade com a de pesquisador interessado em compreender o Brasil. Também atuou como articulador político, viajando e fazendo contatos com políticos exilados (com JK, por exemplo), no esforço de acelerar o processo de retorno do Brasil à democracia.

No Uruguai, Darcy viveu, conforme conta, o período mais fértil de sua vida, certamente se referindo aos estudos que irão fornecer as bases para sua obra teórica de maior vulto: os estudos sobre a evolução humana que ele denomina "Antropologia da Civilização". Ela buscava fundamentalmente uma explicação teórica para o subdesenvolvimento, mas acaba propondo uma teoria geral da evolução humana, partindo dos primórdios até hoje, o que exigiu dele também a elaboração de uma crítica dos esquemas evolutivos dominantes, inclusive ao modelo de Marx.

No conturbado segundo semestre de 1968, tomando como desculpa o fato de ter sido absolvido pela justiça militar, voltou ao Brasil e passou três meses felizes, dando entrevistas, sendo surpreendido pelo Ato Institucional Nº 5 e preso no dia seguinte à edição da medida. Libertado, depois de sete longos meses de cárcere e após ter sido inocentado por um Tribunal Militar da Marinha, retoma então, novamente, o caminho do exílio, desta vez em direção à Venezuela. Nos anos seguintes iria para o Chile – onde seu amigo Salvador Allende havia tomado posse como presidente – e depois ao Peru. Em 1970 participou do *Congresso de Americanistas* em Lima, Peru, onde apresentou um ensaio-resumo de seu livro *As Américas e a Civilização*. No mesmo ano, o periódico estadunidense *Current Anthropology* publica o artigo de Darcy, com um resumo de sua obra *O Processo Civilizatório*, seguida de comentários críticos de sete cientistas sociais de todo o mundo, e da réplica do autor ao final. Este foi o auge da produção teórico-científica de Darcy Ribeiro. Ele se consagrava como o grande teórico e cientista social da América Latina no campo dos debates sobre a evolução humana, especificamente sobre a evolução das formações econômico-sociais.[294]

Na década de 1970 é notável sua ocupação com a questão da universidade na América Latina, e nesse período é chamado para assessorar e dirigir projetos relevantes de criação e reforma de universidades na Venezuela, no Peru e na Argélia. Revoltado com a condição de exilado, tentou abreviar esse tempo e forçou a ditadura a aceitá-lo de volta, mesmo antes da anistia, usando como estratagema a descoberta de um câncer e a sua decisão de somente submeter-se à operação cirúrgica no Brasil. Operado e restabelecido, volta ao exílio no Peru, agora por pouco tempo, porque começava no Brasil o período da abertura democrática.

O processo de abertura política permite seu retorno definitivo, sendo um dos primeiros exilados a chegar. Retoma suas atividades buscando inicialmente fortalecer o movimento popular e democrático da anistia. Com a redemocratização, participa da recriação do partido trabalhista, que se corporifica na fundação do PDT, e passa a partir daí a ter intensa atividade política. Em 1982 é eleito

---

294 A publicação *Configurações Histórico-Culturais dos Povos Americanos* (Rio de Janeiro, Civilização Brasileira, 1975) reúne o ensaio e o resumo do *Processo Civilizatório*, bem como todos os comentários e a réplica publicados pela *Current Anthropology* (vol. 11, n° 45, p. 403/433, 1970).

vice-governador do Rio de Janeiro, na chapa de Leonel Brizola, vindo a acumular as funções de vice-governador e Secretário de Ciência e Cultura com várias outras atividades de caráter cultural e educacional. Na Secretaria de Ciência e Cultura, formulou e coordenou a construção do Sambódromo, a criação da Casa França-Brasil e da Casa de Cultura Laura Alvim, bem como a recuperação e o tombamento da Fundição Progresso, transformada em espaço cultural. Neste momento seu projeto mais ambicioso foi a criação dos Centros Integrados de Educação Pública (CIEPS). Ao todo, nas duas gestões em que atuou (1983-1986; 1991-1994) foram construídas 506 escolas de tempo integral, cujo projeto arquitetônico foi elaborado por Oscar Niemeyer.

Em 1987 teve uma participação na Secretaria Extraordinária de Desenvolvimento Social do Estado de Minas Gerais, a convite do governador Newton Cardoso, onde se propôs a construir igualmente centenas de novos CIEPS. No entanto, não pode levar a cabo sua proposta por injunções políticas contrárias, tanto do próprio governo mineiro, como da esfera federal, da parte de José Sarney. Passou então a colaborar com o projeto cultural do Memorial da América Latina, em São Paulo, inaugurado em janeiro de 1989. Em 1990 elege-se senador pelo Estado do Rio de Janeiro. No Senado seu principal projeto foi a elaboração da Lei de Diretrizes e Bases da Educação Nacional, batizada como Lei Darcy Ribeiro. Em 1992 é eleito membro da Academia Brasileira de Letras, ocupando a cadeira de nº 11.

Além de antropólogo, educador e político foi também ficcionista, tendo publicado *Maíra, O Mulo, Utopia Selvagem* e *Migo*. Também tem escritos infantis e infantojuvenis. Manteve colunas no *Jornal do Brasil* e no jornal *O Estado de S. Paulo*. Publicou dezenas de artigos em revistas acadêmicas e livros sucessivamente reeditados em diversos idiomas. Organizou a *Fundação Darcy Ribeiro*, instituída por ele em janeiro de 1996, um ano antes de sua morte, com o objetivo de manter viva sua obra e elaborar projetos nas áreas educacional e cultural. Em seus últimos dois anos de vida concluiu, publicou e reeditou vários livros de importância fundamental no conjunto de sua produção: *O Povo Brasileiro*, e seu livro autobiográfico *Confissões*. Vem a falecer em 17 de fevereiro de 1997, no Distrito Federal.

Em resumo, Darcy Ribeiro teve, efetivamente, a vida entrecortada pelos grandes acontecimentos políticos mundiais e nacionais, em alguns dos quais esteve diretamente envolvido. Ainda na infância vivenciou em Montes Claros as tensões entre os dois lados da família, na Revolução de 1930. Na capital mineira esteve envolvido com o movimento estudantil e acompanhou a eclosão e a escalada da Segunda Guerra Mundial. Mas foi São Paulo que lhe deu a oportunidade formar-se como cientista social, onde, segundo o próprio Darcy, havia o mais importante centro para estudar ciências sociais na época, fora dos Estados Unidos.[295] A Escola Livre de Sociologia e Política na Rua General Jardim reunia em seu numeroso quadro de professores Donald Pierson, estadunidense da Escola de Chicago; Herbert Baldus, alemão com quem Darcy tinha maior afinidade e quem o apresentou ao Marechal Rondon; Émille Willems, também de origem alemã. A duas quadras dali, na Rua Maria Antônia, estava a Faculdade de Filosofia, Ciências e Letras, depois integrada à USP, que tinha como docentes os franceses Claude Lévi-Strauss e Roger Bastide, além de Radcliffe Brown, antropólogo britânico. Entre seus colegas e amigos estava Oracy Nogueira e Florestan Fernandes.

---

[295] "Naqueles tempos, Sampa era provavelmente uma das melhores cidades do mundo para se estudar ciências sociais" (Ribeiro, 1997, p. 126).

Contudo, é preciso registrar que seus mestres não foram estes da sala de aula, de quem fala com apreço, mas com razoável distanciamento. Outros pioneiros fizeram a sua cabeça: Roquete Pinto, Curt Nimuendaju, Gilberto Freyre e Josué de Castro são mencionados com admiração intelectual e respeito pessoal. Sobretudo *Casa Grande & Senzala*, livro do qual Darcy preparou uma edição em espanhol,[296] na Venezuela, foi obra fundamental para ele repensar os povos latino-americanos levando em conta não apenas o determinismo econômico, mas a origem étnica e cultural, associada aos aspectos psicossociais. Portanto, Gilberto Freyre é um autor que está na gênese de sua elaboração teórica e antropológica.

O contexto da *Antropologia da Civilização*

Pouco conhecida e valorizada no Brasil, a obra teórica de Darcy Ribeiro teve grande repercussão, no início dos anos 1970, nos outros países latino-americanos, nos Estados Unidos e na Europa, onde adquiriu notoriedade e passou a ser lida e discutida. Muitos de seus livros da série de *Estudos de Antropologia da Civilização* tiveram imediata tradução e reedições para o inglês, francês, italiano, alemão, além de dezenas de traduções e reedições em espanhol, em vários países, como Uruguai, Argentina, México, Venezuela e Cuba.[297] É preciso examinar, portanto, a obra de Darcy Ribeiro no contexto temporal da conjuntura política e ideológica dos anos 1960 e 1970.

Esse êxito literário internacional tem um dos motivos certamente ligado à grande importância dada ao debate político

---

296 A apresentação de Darcy Ribeiro para a edição venezuelana da obra de *Casa Grande & Senzala* (Caracas, Editora Ayacucho, 1970) foi publicada no livro-coletânea *Ensaios Insólitos* (1979), e depois reeditada em *Sobre o Óbvio* (1986).
297 Décadas mais tarde, sua obra de ficção encontraria uma repercussão ainda maior e duradoura lá fora. Seus romances têm tradução e reedições para o hebraico, húngaro, alemão e inglês, além do espanhol, francês e italiano.

latino-americano no ambiente intelectual europeu e estadunidense nas décadas citadas. E também ao fato de Darcy Ribeiro ter se tornado na Europa e nos Estados Unidos, melhor do que nenhum outro autor, uma expressão genuína do pensamento crítico latino-americano. Também era grande o interesse pelo debate político, pela possibilidade da emergência de um novo pensamento revolucionário na América Latina. Depois da Revolução Cubana, dos livros de Regis Debray, de Che Guevara e inclusive de Carlos Marighela,[298] era evidente a emergência no continente sul-americano de um novo modo de pensar o atraso, a mudança social possível e a emancipação revolucionária dos povos subdesenvolvidos. Nessa conjuntura, é inegável o grande interesse que as obras de Darcy Ribeiro despertaram na América Latina e na Europa, principalmente, mas também nos Estados Unidos.[299]

A concepção teórica de Darcy Ribeiro é extremamente articulada. Após sua saída do país em consequência do golpe militar de 1964, Darcy se propõe, em seu primeiro exílio no Uruguai, a elaborar uma "teoria do Brasil" em que procurava explicar *porque o país insistia em não dar certo*. Essa formulação popularesca, contudo, tinha uma expressão própria naquela conjuntura: *por que o Brasil insistia em ser um país subdesenvolvido*, formulação assumida pelo movimento estudantil[300] e pela intelectualidade crítica, quando – avaliava-se na época – o país tinha todas as condições para

---

298 O *Manual do Guerrilheiro Urbano* (1969), de Carlos Marighela, deve ser contado com um dos livros de autor brasileiro mais editado no exterior, e inclusive editado na França com o selo de todas as importantes casas editoriais, depois de uma tentativa frustrada do governo francês da época de proibir a sua publicação.

299 O *Processo Civilizatório*, por exemplo, publicado no Brasil em 1968, já aparece no mesmo ano em inglês nos Estados Unidos, em edição do *Smithsonian Institute Washington*. Na Alemanha, *Der Zivilizatorische Prozeß* (Frankfurt, Suhrkamp Verlag) apareceu em 1971; a tradução para o italiano é de 1973 (Milano, Feltrinelli). O livro foi publicado em edições próprias na primeira metade dos anos 1970 na Venezuela, Argentina, Portugal e México.

300 Marcou época o trabalho desenvolvido pelos CPCs (Centro Popular de Cultura) da UNE (União Nacional de Estudantes) e a popularidade da música "*Subdesenvolvido*".

tornar-se um país industrializado e rico. Esta talvez fosse a ideia mais forte de um período que alimentou a expectativa de superar o subdesenvolvimento dentro da democracia. Neste contexto político havia surgido um vasto programa de *Reformas de Base*, cuja coordenação era justamente a tarefa de Darcy Ribeiro, quando Ministro da Casa Civil do governo João Goulart.

O golpe militar de 1964 jogou uma pá de cal no programa oficial das *Reformas*, muito embora o programa tivesse um amplo respaldo na sociedade, principalmente nos meios intelectuais e estudantis, com forte repercussão na música popular, no teatro e na produção cinematográfica (como os filmes de Glauber Rocha, por exemplo). Após o golpe, o Brasil retornou então à sua velha agenda econômica e política de subordinar-se às pressões dos grupos financeiros nacionais e estrangeiros, abandonando a perspectiva de buscar o planejamento econômico com base em objetivos nacionalistas.

Do outro lado, do lado das oposições nacionalistas, do movimento operário e estudantil e dos núcleos de esquerda, a busca de uma alternativa emancipadora foi então se deslocando do debate sobre a questão do subdesenvolvimento e das reformas (reforma agrária, reforma urbana, reforma universitária etc.), específicas do período Jango, para a questão da revolução brasileira e do enfrentamento político. Também o debate político, principalmente no interior das organizações de esquerda clandestinas, foi se deslocando para a questão do confronto com o poder ditatorial instalado no país depois do golpe. Este deslocamento foi facilitado, sobretudo, pela própria conjuntura do regime militar, que alijou os políticos mais atuantes do cenário político no Brasil depois de abril de 1964. E já não era só o Brasil, pois a situação era continental, já que outras ditaduras militares foram ocupando o poder em grande número de países latino-americanos. As oposições e os movimentos oposicionistas brasileiro e latino-americano se viram então confrontados com uma situação que deixava apenas a luta armada como meio de disputa do poder político. Parecia, então, que essa não era uma questão de escolha, mas o único caminho que havia sobrado. Não foi, portanto, por acaso, que logo em seguida, a partir de 1967, iriam começar as ações armadas de guerrilha urbana e surgiriam os grupos armados (ALN, VPR, VAR – Palmares etc.), colocando a questão da política nacional como uma questão de prática militar, de enfrentamento armado contra o regime no poder. Um deslocamento que se revelava em parte efeito da própria Revolução Cubana, tanto capaz de eliminar as oligarquias que dominavam a política reacionária e antinacional nos países latino-americanos, como também de ser uma alternativa de se chegar ao regime socialista. Assim, apesar da fragilidade das organizações de luta armada, no campo das oposições e da esquerda essa forma de luta aparecia como uma resposta "esperada" às ditaduras militares instaladas nos diversos países da região.

Darcy Ribeiro se recusou peremptoriamente a participar de qualquer tentativa de organizar, a partir do exterior, qualquer movimento para derrubar o ditador empossado (Castelo Branco). Ele também não avançou na direção da luta armada, do enfrentamento militar com a ditadura brasileira. Continuou sim ligado a Jango, a Brizola e aos outros, mas se lançando febrilmente à leitura e à pesquisa bibliográfica. Além da questão política *prática*, Darcy Ribeiro entendeu que havia um problema político *teórico* a ser resolvido urgentemente. Sua primeira tentativa de examinar esse problema toma corpo na forma de um texto destinado a ser uma espécie de *"teoria do Brasil"*. Nela o autor enfrenta dois desafios: *primeiro*, explicar a origem e a especificidade de nosso subdesenvolvimento, em relação aos países europeus e aos Estados Unidos.

Em *segundo lugar*, tentava mostrar o caminho para uma revolução que abrisse caminho para o país enfrentar seus problemas e superar a sua condição de país subdesenvolvido. Este esforço inicial cristalizou-se em um primeiro resultado, que o próprio autor resiste em publicar em um primeiro momento: *Os Brasileiros* (I – Teoria do Brasil).[301]

> Compreendi que o Brasil era simplesmente inexplicável, porque não havia uma teoria capaz dessa façanha. O que se fazia habitualmente era tomar textos historiográficos europeus, dando-lhes ambições teóricas para explicar nosso passado.[302]

Darcy Ribeiro dirige então sua atenção para a forma *diferenciada* como se constituíram as *formações econômico-sociais* no continente americano. Os Estados Unidos, por exemplo, assim como o Canadá e a Austrália, são constituídos de *"povos transplantados"*. Portanto seu passado cultural, histórico e étnico está na Europa. Para ele, tais países representam uma continuidade da Europa e podem ser estudados com categorias e conceitos que se aproximam das fases históricas, quer dizer, dos modos de produção vividos pela Europa em seu processo histórico. Já o Brasil e os demais países da América Latina sofreram processos diferentes, na sua formação histórica, devido à forma como se inseriram na Revolução Industrial e na forma como se conectaram com o *processo civilizatório*, originado a partir desta revolução tecnológica. Assim, a explicação para o tipo de formação social específica dos países latino-americanos deve ser buscada de outra forma, diferente da simples transferência para a América Latina dos modelos de formação social (os modos de produção) do continente europeu.

---

301 Em *Os Brasileiros* (I - Teoria do Brasil), o autor publicou certamente apenas uma parte dos manuscritos de 1965-1966. A primeira edição em espanhol, no Uruguai, em 1969; na França, em 1970; no Brasil em 1972.
302 Ribeiro, Darcy (1997). *Op. cit.*, p. 501.

Portanto, seria preciso buscar o entendimento da formação social brasileira e das demais formações sociais da América Latina através de um caminho próprio, a partir de uma teoria que fosse capaz de explicar as dinâmicas próprias de um *"povo novo"*, no caso do povo brasileiro ou dos *"povos testemunho"* como o povo boliviano, peruano, mexicano etc. Isto fazia com que ficassem sem validade os esquemas evolutivos e as teorias, elaboradas a partir da Europa.

> Meu sentimento era de que nos faltava uma teoria geral, cuja luz nos tornasse explicáveis em seus próprios termos, fundada em nossa experiência histórica. As teorizações oriundas de outros contextos eram todas elas etnocêntricas demais e, por isso mesmo, impotentes para nos fazer inteligíveis. Nosso passado, não tendo sido o alheio, nosso presente não era necessariamente o passado deles, nem nosso futuro um futuro comum.[303]

Os quase cinco anos do exílio no Uruguai foram empregados em estudos destinados a buscar respostas a estas indagações. Já que temos uma história própria e uma forma específica de nos tornarmos "brasileiros", ou seja, como um povo resultado da mistura das populações autóctones indígenas, transfiguradas pelo processo de colonização conduzida por brancos europeus, com escravos trazidos da África, do mesmo modo temos que encontrar uma maneira própria e a forma específica de analisar o nosso passado e compreender a nossa própria evolução. O que deve permitir avaliar nosso presente sem termos que importar conceitos externos, sem ter que medir e valorar nossa realidade atual com padrões de medida e uma escala de valores importada de outros povos e continentes. Somente assim poderemos projetar livremente, autonomamente, nosso futuro, sem termos que nos submeter ao futuro que outros povos traçaram para si mesmos.

---

303 Ribeiro, Darcy (1995). *Op cit.*, p. 13. Grifos nossos.

Partindo dessa avaliação do passado histórico dos povos latino-americanos Darcy Ribeiro tenta então reescrever o longo processo civilizatório da humanidade, processo do qual resultaram as nações e os povos de hoje, enfim, o mundo com toda a sua diversidade contemporânea. Deste modo,

> O que devia ser uma introdução teórica no meu plano de revisão do texto foi virando livros. A necessidade de uma teoria do Brasil, que nos situasse na história humana, me levou à ousadia de propor toda uma teoria da história. As alternativas que se ofereciam eram impotentes. Serviriam talvez, como uma versão teórica do desempenho europeu, mas não explicavam a história dos povos orientais, nem do mundo árabe e muito menos a nós, latino-americanos. A melhor delas, representada pela nova versão compilada por Engels, nas <u>Origens</u>, e por Marx, nas <u>Formações,</u> opondo-se uma à outra, deixavam o tema em aberto.[304]

O lugar destacado da referência a Marx e a Engels deixa claro que Darcy Ribeiro tentava operar na perspectiva teórica destes autores, mas reconheceu logo que o esquema evolutivo imposto pelo *marxismo ortodoxo* para a América Latina não servia. Isso o leva a operar em dois movimentos em relação às concepções evolucionistas de Marx e da tradição marxista: por um lado, há a aceitação do mecanismo de causalidade evolutiva dos modos de produção, como modelos estabelecidos para o funcionamento das economias nacionais, mas por outro lado, busca refutar o esquema evolutivo firmado pela ortodoxia marxista, oficializado pela Academia de Ciências da então União Soviética, e seguida invariavelmente pelos

---

[304] Ribeiro, Darcy (1995). *Op. cit.*, p. 13-14. Grifos nossos. O autor se refere às obras: "*Origens da Família, do Estado e da Propriedade Privada*" de F. Engels, e *Formações Econômico-Sociais*, separata do manuscrito de K. Marx, publicado com o título de "*Fundamentos da Crítica da Economia Política*" e também conhecido como "*Grundrisse*". Textos com os quais Darcy já havia se familiarizado na década anterior. As *Origens*, de Engels, foi um dos primeiros livros de autor marxista que teve conhecimento, ainda nos tempos de estudante de Medicina, em BH.

Partidos Comunistas em todo o mundo. Ou seja, Ribeiro aceitava a importância dos modos de produção na explicitação das dinâmicas das formações sociais, mas recusava o esquema evolutivo dos modos de produção proposto dogmaticamente pelos ideólogos e teóricos que seguiam as orientações do Partido Comunista.[305]

Na proposta de elaboração a partir da América Latina de uma *Antropologia da Civilização*, há um esforço central direcionado a contornar os problemas do *etapismo* imposto pelo esquema oficial stalinista. Podemos observar algumas características do enfrentamento da crítica a essa concepção por parte do autor: em primeiro lugar, a tomada de consciência da existência de um problema insolúvel na tradição do marxismo latino-americano, que se revelava nefasto para a perspectiva da esquerda na América Latina. Em segundo lugar, destaca-se a forma indireta como Darcy elabora a rejeição às posições de Engels e de Marx, que supostamente serviam de fundamento científico para o etapismo imposto pelo marxismo ortodoxo. Em terceiro lugar, este esforço se dirige no sentido da criação de um novo paradigma teórico universal, pelo qual as revoluções tecnológicas mundiais e os processos civilizatórios delas decorrentes são repensados e reavaliados. Há um determinismo tecnológico, pensado a partir de oito *revoluções tecnológicas*, que se efetivou no largo prazo, das quais derivam os *processos civilizatórios*, que por sua vez deram origem aos *modos de produção*, agora denominados de *formações* ou *configurações histórico-culturais*.

---

305 A recusa, portanto, ocorre em relação à concepção etapista da revolução, que se tornara uma lei de ferro da doutrina ortodoxa marxista desde a instalação da Terceira Internacional Comunista. Esta *lei* era seguida rigidamente por stalinistas e trotskistas. Tratava-se de uma barreira teórica enorme para a avaliação das conjunturas políticas dos países subdesenvolvidos, cujas sociedades foram invariavelmente classificadas como feudais. Imposta pelos Partidos Comunistas nacionais, e defendida pelos seus ideólogos e intelectuais próximos, dominava o pensamento crítico na América Latina e em todo o mundo. Como defensor destacado dessa concepção cita-se no Brasil, entre outros, o historiador Nelson Werneck Sodré.

O *etapismo* como limite para pensar a América Latina

Por que o esquema evolutivo defendido pelos ideólogos do PCB havia se tornado uma camisa de força para a atuação política da esquerda na América Latina? Foi determinante o peso político e ideológico do PCB, o "partidão", no debate sobre o estágio atual e o caráter da luta política de esquerda no seu enfrentamento com as classes dominantes. Partia-se na época (a partir da criação da Terceira Internacional Comunista, em 1919) de uma concepção doutrinária fixa, marcada por uma concepção dogmática sobre a evolução de toda a sociedade humana, tomando-se como referência básica a experiência europeia. É importante recuperar os passos que resultaram na fixação dessa concepção doutrinária.

Marx, ao desenvolver sua concepção materialista da história e marcar sua diferença com Hegel, desenvolveu a tese de que as formas ideológicas são determinadas pelos interesses materiais, ou seja, pela luta para sobreviver, e isso tanto no seu aspecto material visível, tecnológico, como no aspecto social, quer dizer, nas relações que os homens estabelecem entre si, no processo social de produção, distribuição e consumo da riqueza produzida na sociedade. A partir dessa ideia, Marx formulou uma teoria que contém em seu centro uma sequência dos modos de produção, cuja validade, porém, foi restringida por seu autor para a Europa ocidental. Escreve Marx, no prefácio da obra *Para a Crítica da Economia Política*:

> Em grandes traços podem ser caracterizados, como épocas progressivas da formação econômica da sociedade, os modos de produção: asiático, antigo, feudal e burguês [capitalista] moderno. As relações burguesas [capitalistas] de produção constituem a última forma antagônica do processo social de produção, antagônicas não em um sentido individual, mas de um antagonismo nascente das condições sociais de vida dos indivíduos; contudo, as forças produtivas que se encontram em desenvolvimento no

seio da sociedade burguesa criam ao mesmo tempo as condições materiais para a solução deste antagonismo.[306]

Esta formulação de Marx, entretanto, deu lugar, no interior de um processo de fixação e dogmatização de seu pensamento científico, a um esquema rígido usado para interpretar as lutas sociais e políticas em todo mundo. De um modo geral, os países agrários ou semi-industrializados da América Latina, Ásia e África foram vistos como sociedades que não haviam atingido a maturidade política, a ser alcançada apenas com a industrialização completa, ou seja, obtida somente ao atingir o estágio capitalista de desenvolvimento. Conforme preconizavam as correntes influenciadas pela linha oficial dos partidos comunistas e os intelectuais que seguiam sua orientação, as nossas sociedades, como sociedades que ainda estavam em seu estágio "feudal" ou "semifeudal", não poderiam jamais aspirar um processo autônomo de política emancipatória, e quando muito seus partidos socialistas e comunistas deveriam atrelar-se aos partidos das burguesias nacionais, classe que deveria conduzir o processo político nesta fase burguesa do desenvolvimento nacional. Ainda que as posições dos Partidos Comunistas cambiassem com as conjunturas, a condução dos processos políticos estava definitivamente submetida a uma heteronomia, ou seja, a entrega do poder político a grupos dominantes, uma vez que não se reconhecia a existência de forças operárias e insurgentes capazes de fazer o enfrentamento e levar o processo político emancipatório adiante.

---

306 Marx, Karl. *Para a crítica da Economia Política*. In: Marx, K. Manuscritos Econômico--Filosóficos e outros escritos. Trad. de E. Malagodi. São Paulo: Abril Cultural, 1974, p. 136. A afirmação desse esquema se aplica apenas para a Europa ocidental está na *carta-resposta de Marx a Vera Sassulitch*, de 1881, e em diversos manuscritos preparatórios a esta carta. Uma exposição introdutória da importância do conceito de *modo de produção* em Karl Marx encontra-se em *O que é Materialismo Dialético?* (Editora Brasiliense, Coleção Primeiros Passos). *Cf.* Malagodi, Edgard A. *Darstellung und Kritik der "Dialektischen Anthropologie" von Darcy Ribeiro*. Freie Universität Berlin. (Hausarbeit für die Magisterprüfung in Fach Philosophie an der Freien Universität Berlin). Dissertação de Mestrado, 1977.

Muito frequentemente autores críticos e progressistas procuravam buscar um *"tournant"* a esta verdadeira camisa de força representada pela rigidez do etapismo imposto pelo marxismo ortodoxo, praticado pelos stalinistas e trotskistas. No Brasil, por exemplo, Caio Prado Júnior reage a essa "ditadura ideológica", por exemplo, com a demonstração do caráter capitalista da lavoura cafeeira, mostrando que o colono das fazendas de café, envolvido em relações de parceria do sistema do colonato, na verdade se compunha como uma forma de assalariamento rural. No entanto, as manifestações dos analistas mais afinados com a linha partidária[307] ou mais presos a uma suposta ortodoxia marxista, recusaram o entendimento do colonato como uma forma de "assalariamento disfarçado". Insistia-se, ao contrário, na linha de pensamento dos ideólogos da Terceira Internacional e do PCB, de pensar o Brasil como uma formação social ainda caracterizada pelo feudalismo, ou no máximo, preso a estruturas econômicas que eram vistas como "restos feudais".[308] A análise de Caio Prado reconhecia o caráter burguês-capitalista da formação social brasileira, o que abria a possibilidade histórica da luta pela transformação socialista como próximo passo da revolução brasileira.

No entanto, essas posições críticas, ainda que muito bem fundamentadas, pouco efeito tiveram sobre o pensamento militante da esquerda, envolvido na tese do Brasil feudal. No momento de repensar o Brasil, após sua experiência no governo Jango, esse limite teórico aparecia de modo muito forte para Darcy, uma vez que ele próprio tivera sua formação política como militante de base do *Partidão*. Mas, para evitar um enfrentamento direto com amplos segmentos da esquerda, totalmente absorvida pelo esquematismo

---

307 Caio Prado Júnior também era filiado ao PCB, mas manteve uma posição crítica própria.
308 *Cf.* Prado Júnior, Caio. *A Questão Agrária*. 2ª ed. São Paulo: Editora Brasiliense, 1979. Ver também Prado Júnior, Caio. *A Revolução Brasileira*. São Paulo: Editora Brasiliense, 1966.

produzido pelo marxismo ortodoxo, Darcy elaborou um esquema evolutivo próprio, montando uma tábua das grandes revoluções tecnológicas mundiais, desde a primeira, das quais derivam processos civilizatórios diferenciados e que resultam nas grandes civilizações que existiram no mundo.[309]

Darcy Ribeiro se sentia encorajado a dar esse passo, primeiro pela percepção de diferenças entre Marx e Engels, e depois ao encontrar diferenças no interior das próprias obras de Marx. Verificou também que a elaboração multilinear de Marx não podia caber no esquema etapista estreito e empobrecido divulgado pelos manuais de marxismo-leninismo. Além disso, o confronto deste esquema evolutivo com a elaboração dos antropólogos ingleses e estadunidenses permitiu visualizar aspectos que escapavam a uns e a outros.

Ele concebe então o Brasil, como os demais países latino-americanos, como resultados do mesmo processo que formou a Europa moderna, ou seja, as duas revoluções tecnológicas, a mercantil-salvacionista e a revolução industrial. Mas como então explicar que as mesmas revoluções provocaram resultados tão diferentes? De um lado, os países europeus e os Estados Unidos; de outro, os países da América Latina de hoje?

A explicação é que, ainda que produtos da mesma revolução tecnológica, a mudança social foi operada por dois mecanismos totalmente diferentes: a Europa, pelo mecanismo da *aceleração evolutiva*, enquanto os países da América Central e do Sul, pelo processo de *incorporação histórica*. Trata-se de mecanismos sociais totalmente diferentes e que implicam de igual modo em resultados totalmente diferenciados.[310] Estes dois mecanismos atuaram de forma decisiva

---

309 Este é o tema central de sua obra *O Processo Civilizatório* (1968).
310 A apresentação inicial destes dois processos está no *Processo Civilizatório*, mas é retomado em todas as obras que fazem parte de seus Estudos de Antropologia da Civilização.

nos processos civilizatórios decorrentes das duas revoluções tecnológicas que se projetaram sobre as Américas: a Revolução Mercantil, a partir do século XVI, e a Revolução Industrial, a partir do século XVIII. O processo de *aceleração evolutiva* gerou as formações sociais independentes e que se tornaram senhores da tecnologia, resultados depois *transplantados* para a América do Norte, mas o outro processo – a *incorporação* ou *atualização histórica* – fez com que os avanços das duas revoluções tecnológicas – a Mercantil e a Industrial – chegassem à América Latina, mas produzissem sociedades colonizadas e dependentes. Este é o caso do Brasil e dos demais países da América do Sul, Central e Antilhas.

Qual teriam sido os resultados desse processo? Os países que acessaram as duas importantes revoluções da Idade Moderna, a Mercantil e a Industrial, pelo mecanismo da *incorporação histórica* resultaram em formações econômico-sociais que nada tem a ver com o feudalismo, pois o modo de produção feudal é entendido por Darcy como uma formação social que expressa uma *regressão histórica* vivida pela Europa. As nações que foram surgindo na América Latina se transformaram em unidades políticas dependentes e submetidas, primeiro aos interesses de suas respectivas matrizes coloniais, Espanha e Portugal, e depois da independência, ao mercado externo e aos interesses centrais do capitalismo. Nesses países surgem sociedades com uma estrutura política e econômica que gerou uma *ordenação social* específica, estruturada pelos interesses de suas classes dominantes colonizadas e dependentes, centrados na submissão externa. No passado, as classes dominantes locais estavam unicamente empenhadas em explorar a mão de obra dos índios e negros escravizados, e por isso se constituíram em classes sociais que não projetavam seus respectivos países como uma unidade, incluindo a população indígena e escrava, mas tratavam de defender restritivamente seus interesses como um estamento dominante local em conexão com os interesses das classes dominantes das matrizes coloniais. Tratava-se, e se trata ainda hoje, de *classe dominante consular*.

Neste sentido, a situação dos países latino-americanos de hoje não é a mesma dos países europeus, antes de viverem os efeitos da Revolução Industrial. Nós não somos o passado da Europa, por isso nosso futuro não é correr para "chegarmos lá", países europeizados e igualados à Europa. Ao contrário, o que vivemos hoje é a condição de *países subdesenvolvidos*, que não representa a situação dos países europeus vivida no passado, mas é uma condição *exclusivamente* nossa, pois é no fundo o resultado do mesmo processo que gerou países industrializados e desenvolvidos no Norte.

Uma das características centrais de nossas sociedades latino-americanas é a situação de sua população, constituída de mestiços de índios, negros e brancos, na busca de uma identidade única de um *povo novo*. Contudo, do ponto de vista social e econômico, a população desses países vive uma situação de *marginalidade* econômica, isto é, o projeto de sociedade (capitalismo industrial) não tem o dinamismo para absorver toda a sua população nos processos produtivos. Esta situação de marginalidade não ocorreu na Europa, pois seus excessos de população, tanto o chamado *Exército Industrial de Reserva*, como sua *população relativa* (conceitos de Marx) foram absorvidos pela expansão industrial ou foram deslocados para a América do Norte e para a Austrália, como imigrantes. Mas hoje, os novos investimentos com alta tecnologia geram uma população desocupada muito maior do que o sistema econômico teria chance de empregar. Por isso, essa superpopulação deve ser entendida como uma massa marginal, não no sentido cultural ou policial, mas no sentido sociológico: são marginais aos processos econômicos avançados, pois não seriam mais empregáveis nesses setores da economia.

Em face dessa *ordenação social* montada pelas classes dominantes interessadas apenas em seu próprio bem-estar, as lideranças inovadoras devem buscar um caminho político na direção da construção de uma *nação autônoma*. Somente uma ação política direcionada para a autonomia nacional teria condições de se contrapor ao "sistema" econômico gerado pelas classes dominantes espúrias.[311]

Do ponto de vista conceitual, podemos denominar esse sistema de "capitalista", mas esse é um conceito genérico que não explica as propriedades específicas da sociedade latino-americana. No capitalismo clássico a questão da "marginalidade" (a superpopulação relativa) é superada pelos ciclos econômicos e pela emigração, ela é funcional, mas não no caso da América Latina, onde o *"sistema"* econômico tem uma outra lógica: a lógica determinada por suas classes dominantes, interessadas em si mesmas e não na "nação" como uma entidade formada a partir das diversas contribuições étnicas, ou seja, dos povos originais que a formaram no período da colônia.

No entanto, o trabalho de pesquisa de Darcy Ribeiro sobre esses temas se estende apenas até meados dos anos 1970. Após seu retorno ao Brasil, com a anistia, no final daquela década, retornará às atividades políticas, priorizando temas e questões diversas, entre as quais irá sobressair seu empenho na melhoria das condições da escola pública, com seu envolvimento com nos CIEPS (década de 1980) e com a nova LDB, apelidada Lei Darcy Ribeiro, na década seguinte.

Um balanço do trabalho científico de Darcy Ribeiro exige, portanto, o reconhecimento de que esse autor desenvolveu um enorme esforço no sentido de introduzir e priorizar o elemento

---

311 Essa discussão é amplamente desenvolvida em *O Dilema da América Latina* (1988), mas está presente também em *As Américas e a Civilização* (1970).

étnico-cultural em sua proposta de pensar o Brasil do futuro, assim como o futuro das demais nações latino-americanas. No entanto, seu enorme esforço intelectual, profundamente marcado por um interesse crítico, dirigido às correntes antropológicas de corte funcionalista, bem como às leituras ortodoxas e burocráticas das obras de Marx e à sua aplicação na América Latina, ficaram a meio caminho: *uma tarefa que parece estar ainda inteira reservada às novas gerações de pesquisadores e pensadores do futuro*.

Sugestões para leitura

Sem ter a pretensão de darmos aqui um quadro completo das obras de Darcy Ribeiro, listamos as principais obras, com o intuito de chamar a atenção para a amplitude e oportunidade dos diversos temas tratados por esse prolífico autor. A grande maioria dos escritos de Darcy Ribeiro está publicada na forma de livros, inclusive boa parte de sua produção avulsa de artigos de jornais. Alguns de seus livros, principalmente os últimos, como as *Confissões* (1976) e *O Povo Brasileiro* (1975), têm tido reedições seguidas e são facilmente encontrados nas livrarias. Cinco ensaios de etnologia e indigenismo, escritos do final dos anos 1940 ao início dos 1960, foram reunidos em *Uirá sai à procura de Deus* (1974). Alguns livros são coletâneas de textos escritos em ocasiões diferentes: *Ensaios Insólitos* (1979) é o título de uma coletânea de trabalhos esparsos, da década de 1970, depois reeditada com o título *Sobre o Óbvio* (1986). Ambos reúnem alguns textos essenciais de Darcy, sobre Gilberto Freyre, Salvador Allende, João Goulart e Anísio Teixeira. Já o livro *O Brasil como problema* (1995) reúne ensaios das décadas de 1980 e 1990. O capítulo sobre a "*Crise ética e política*" dá uma ideia de quanto o país regrediu, em matéria de ética, dos tempos de Jango para cá. Bem-humorado é o seu *Aos trancos e barrancos: Como o Brasil deu no que deu* (1982), uma instrutiva e original descrição dos fatos que aconteceram no país, de 1900 até 1980, contados ano a ano, com os fatos principais de cada ano, incluindo a vida política, militar, econômica, a saúde pública, os movimentos sociais, a música, as artes plásticas, a literatura etc.

A *Universidade Necessária* (1974) traz seus principais estudos sobre a instituição universitária em todo mundo e os estudos realizados para criar universidades e assessorar as reformas universitárias no Brasil, Uruguai, Venezuela, Peru, Chile e Argélia. Ainda que produzidos em uma época que já vai distante, nas décadas de 1960 e 1970, essa obra poderia muito bem ser distribuída a todo jovem estudante que ingressar em uma universidade brasileira, para que tenha uma dimensão de suas possibilidades e responsabilidades de profissional de nível superior em um país que ainda se debate com o peso do subdesenvolvimento.

Suas obras de ficção, os romances *Maíra*, *O Mulo*, *Utopia Selvagem* e *Migo*, receberam resenhas importantes e têm sido objeto de estudos acadêmicos em todo o mundo. Boa parte de suas publicações dos *Estudos de Antropologia da Civilização* somente poderá ser encontrada em bibliotecas, mas podem ser adquiridas nas livrarias virtuais e sebos. *O Processo Civilizatório* (1968), obra que o lançou no cenário internacional, tem o objetivo de propor um esquema das principais etapas da evolução sociocultural da humanidade até hoje. *As Américas e a Civilização* (1969) examina o processo de formação dos povos americanos. *O Dilema da América Latina* (1971) nos traz o debate político-ideológico dos anos 1960 e 1970, e as vias de desenvolvimento dos países latino-americanos para o socialismo. *Os Brasileiros: Teoria do Brasil I* (1969) corresponde a uma primeira versão de *O Povo Brasileiro*. *Os Índios e a Civilização* (1970) examina as situações de contato dos diversos grupos indígenas com as diversas frentes de expansão da sociedade brasileira colonizadora, tomando como base a pesquisa realizada a pedido da UNESCO em 1952.

Particularmente recomendável é a publicação *Configurações Histórico-Culturais dos Povos Americanos* (1975), que além de conter um resumo do *Processo Civilizatório* e de *As Américas e a Civilização*, traz o debate organizado pela revista científica dos Estados Unidos *Current Anthropology* sobre seus Estudos de Antropologia da Civilização, com comentários de sete cientistas sociais de todo o mundo acrescidos do comentário/réplica do autor ao final. Este debate registra, no meu modo de ver, o auge da carreira do cientista social Darcy Ribeiro.

Sem dúvida, uma obra fundamental de Darcy é sua autobiografia: *Confissões* (1997). Além de ser uma fonte de informações sobre sua própria vida e um resumo de sua obra teórica e ficcionista, ela traça o roteiro dos debates e dramas políticos dos anos 1940 aos anos 1980, entrando pela década de 1990, sumarizando as posições em conflito.

Uma cronologia de publicações e fatos de sua vida, a lista das inúmeras publicações de Darcy Ribeiro, bem como das teses e estudos sobre sua vida e obra pode ser consultada em Gomes (2010) e está disponível também na internet.[312]

Principais Obras de Darcy Ribeiro

Estudos de Antropologia da Civilização:

O processo Civilizatório: Etapas da Evolução Sociocultural (1968). 10ª ed. Petrópolis: Vozes, 1987.

Os Brasileiros: I - Teoria do Brasil (1969). Rio de Janeiro: Editora Paz e Terra, 1972.

---

312 Disponível em http://www.fundar.org.br/controller.php?pagina=20. Acesso em maio de 2016.

As Américas e a Civilização: Processo de Formação e Causas do Desenvolvimento Cultural Desigual dos Povos Americanos (1970). Rio de Janeiro: Editora Civilização Brasileira, 1979.

Os Índios e a Civilização: A Integração das Populações Indígenas no Brasil Moderno (1970). Rio de Janeiro: Editora Civilização Brasileira, 1970.

O Dilema da América Latina: Estruturas de Poder e Forças Insurgentes (1971). 2ª ed. Petrópolis: Vozes, 1988.

Configurações Histórico-Culturais dos Povos Americanos (1975). Rio de Janeiro: Civilização Brasileira, 1975.

O Povo Brasileiro: A formação e o sentido do Brasil (1995). São Paulo: Companhia das Letras, 1995.

Ensaios de Etnologia e Indigenismo:

Uirá sai à procura de Deus. 2ª ed. Rio de Janeiro: Editora Paz e Terra, 1976.

Outros temas:

A Universidade Necessária. 4ª ed. Rio de Janeiro: Editora Paz e Terra, 1982.

O Brasil como Problema. Rio de Janeiro: Francisco Alves, 1995.

Sobre o Óbvio (título da primeira edição: *Ensaios Insólitos*). Porto Alegre: L&PM Editores, 1979.

Confissões. São Paulo: Companhia das Letras, 1997.

Referências bibliográficas

EVERS, T. T.; WOGAU, P. von. Lateinamerikanische Theorien zur Unterentwicklung. *Das Argument*, Berlim, 15º Jahrgang, jul. 1973 (nº 79), p. 404-454.

Gomes, Candido Alberto. *Darcy Ribeiro*. Recife: Fundação Joaquim Nabuco/Editora Massangana, 2010. (Coleção Educadores/Ministério da Educação).

HURTIENE, Thomas. Zur Ideologiekritik der lateinamerikanischen Theorie der Unterentwicklung und Abhängigkeit. *Problem des Klassenkampfs*. Berlim 14/15.

MALAGODI, Edgard A. *Darstellung und Kritik der "Dialektischen Antropologie" von Darcy Ribeiro*. Freie Universität Berlin. (Hausarbeit für die Magisterprüfung in Fach Philosophie an der Freien Universität Berlin). Dissertação de Mestrado, 1977.

_____. *O que é Materialismo Dialético*. São Paulo: Brasiliense, 1988.

MARX, Karl. Para a crítica da Economia Política. *In*: MARX, K. *Manuscritos econômico-filosóficos e outros escritos*. Trad. de Edgard Malagodi. São Paulo: Abril Cultural, 1974.

MATTOS, André Luís L. Borges de. *Darcy Ribeiro: uma trajetória (1944-1982)*. Campinas, SP: UNICAMP. Tese de Doutorado, 2007.

NUN, José. Superpoblación relativa, Ejército industrial de reserva y masa marginal. *Estudos CEBRAP 1*, São Paulo, 1972.

PEREIRA, Fábio I. *Darcy Ribeiro: Vida, Obra, Pensamento*. Disponível em http://docslide.com.br/documents/darcy-ribeiro-biografia.html. Acesso em janeiro de 2016.

PRADO JUNIOR, Caio. *A Revolução Brasileira*. São Paulo: Editora Brasiliense, 1966.

_____. *A Questão Agrária*. 2ª ed. São Paulo: Editora Brasiliense, 1979.

QUIJANO, Aníbal. *Redefinición de la dependencia y proceso de marginalización en América Latina*. Mimeo, 1970.

SODRÉ, Nelson Werneck. *Formação Histórica do Brasil*. 13ª ed. Rio de Janeiro: Bertrand Brasil, 1990.

SONNTAG, Heinz R. Nachwort. *In*: RIBEIRO, Darcy. *Der zivilisatorische Prozeß*. Frankfurt: M, Verlag, 1971.

Esta obra foi composta em CTcP
Capa: Supremo 250g – Miolo: Pólen Soft 80g
Impressão e acabamento
Gráfica e Editora Santuário